臺灣歷史與文化 研究輯刊

十七編

第 10 冊

當代臺灣國語流行歌曲之詞曲關係研究
（1949～2017）（上）

隋利儀 著

花木蘭文化事業有限公司

國家圖書館出版品預行編目資料

當代臺灣國語流行歌曲之詞曲關係研究（1949～2017）（上）／
隋利儀 著 — 初版 — 新北市：花木蘭文化事業有限公司，2020
〔民 109〕
目 12+154 面：19×26 公分
（臺灣歷史與文化研究輯刊十七編：第 10 冊）
ISBN 978-986-518-074-4（精裝）
1. 音樂史 2. 流行歌曲 3. 臺灣
733.08   109000559

ISBN-978-986-518-074-4

9 789865 180744

臺灣歷史與文化研究輯刊
十七編 第 十 冊   ISBN：978-986-518-074-4

當代臺灣國語流行歌曲之詞曲關係研究
（1949～2017）（上）

作　　者　隋利儀
總 編 輯　杜潔祥
副總編輯　楊嘉樂
編　　輯　許郁翎、張雅淋　美術編輯　陳逸婷
出　　版　花木蘭文化事業有限公司
發 行 人　高小娟
聯絡地址　235 新北市中和區中安街七二號十三樓
　　　　　電話：02-2923-1455／傳眞：02-2923-1452
網　　址　http://www.huamulan.tw 信箱 hml810518@gmail.com
印　　刷　普羅文化出版廣告事業
初　　版　2020 年 3 月
全書字數　163504 字
定　　價　十七編 11 冊（精裝）台幣 22,000 元

當代臺灣國語流行歌曲之詞曲關係研究
（1949～2017）（上）

隋利儀　著

作者簡介

　　隋利儀，1969 年 5 月生於臺中市，逢甲大學中國文學系畢業、逢甲大學中國文學碩士、博士，現任臺中市立豐原高商教師，逢甲大學國語文中心兼任助理教授，曾獲臺中市國文創意教學第一名。

　　研究範圍以當代臺灣國語流行歌曲為主，曾發表之流行歌曲相關論文〈國語流行歌曲之押韻現象〉，《逢甲中文集刊》第七期，關注臺灣流行歌曲流變與發展，並將流行歌曲運用於高中國文課程教學活動中，藉由古典詩與流行歌曲之相關性，欣賞古、今韻文之美。

提　　要

　　流行歌曲乃語言與音樂結合之藝術，兩者相配得宜能起優美的聽覺感受，詞曲相合，則演唱時順口、大眾聽來順耳，聲調與旋律配合、聲情與詞境相融，若詩歌要求押韻，較能和諧動聽，並富節奏感，易聽易唱難忘記。

　　本文以當代臺灣國語流行歌曲之詞曲關係為內容，時間由 1949 至 2017 年，近七十年之跨度，探討流行歌曲流變與詞曲發展的幾種現象。研究則運用歌譜蒐集、聽覺調查、分析現象並解釋現象之方法，討論歌詞與旋律間的關係。第二章探討流行歌曲「倒字」現象呈現之樣貌，以實例說明歌曲因下行音階、詞曲配合以及演唱風格引致之情況，並提出解決之道。第三至四章為歌曲押韻，重點在其發展趨勢，由整齊押韻之「一韻到底」、「換韻」至變格中的「間韻」、「虛字押韻」等，爬梳流行歌曲押韻的線性發展。第五章探討歌曲聲情意境，分析流行歌曲由「意境契合與否」與「詮釋歌曲」兩大面向，觀察流行歌曲在意境中的相合情形。

　　末章提出對流行歌曲考察之結論，以及傳統與創新的可行之路，鼓勵創作者對詞曲關係間的相互配合，促使屬於韻文形式的流行歌曲，亦能有講究之道。

上 冊

第一章　緒　論 ……………………………………… 1
　　第一節　研究動機與目的 ……………………… 4
　　第二節　研究範圍 ……………………………… 6
　　第三節　文獻回顧與討論 ……………………… 11
　　第四節　研究方法與步驟 ……………………… 15
第二章　詞曲關係之倒字現象 …………………… 21
　　第一節　倒字現象 ……………………………… 22
　　第二節　國語流行歌曲倒字現象 …………… 29
　　第三節　常引致倒字現象之字 ……………… 43
　　第四節　倒字解決方法 ……………………… 56
第三章　詞曲關係之押韻現象（一）整齊押韻 … 65
　　第一節　押韻與曲調關係 ……………………… 66
　　第二節　流行歌曲押韻現象分析 …………… 72
　　第三節　整齊押韻之一韻到底 ……………… 74
　　第四節　換韻 ………………………………… 108

下 冊

第四章　詞曲關係之押韻現象（二）押韻變格 … 155
　　第一節　間韻 ………………………………… 155
　　第二節　句中韻 ……………………………… 174
　　第三節　虛字押韻 …………………………… 182
　　第四節　完全不押韻 ………………………… 188
　　第五節　其他押韻現象 ……………………… 191
第五章　流行歌曲之聲情意境 …………………… 215
　　第一節　詞曲聲情意境概說 ………………… 216
　　第二節　歌曲聲情意境相契合 ……………… 218
　　第三節　歌曲聲情意境未盡契合 …………… 239
　　第四節　詮釋者與歌曲聲情意境之展現 …… 245
第六章　結　論 …………………………………… 261
　　一、流行歌曲之考察 ………………………… 262
　　二、流行歌曲和諧動聽與否之因 …………… 268
　　三、流行歌曲傳統與創新的可行之路 ……… 270

目
次

參引文獻 ……………………………………………… 273

附錄（一） 流行音樂「聽覺調查」表………… 287

附錄（二） 譜例一覽表與譜次………………… 291

表目次

表一-1　本文圖書資料蒐集來源 ………………… 15

表一-2　本文圖書資料蒐集來源 ………………… 15

表一-3　第二～五章「歌曲分析法」研究步驟 …… 17

表一-4　韻母（注音符號下所注者爲國際音標）‥ 18

表二-1　漢語聲調調值………………………………25

表二-2　倒字聽覺調查表 …………………………26

表二-3　〈恰似你的溫柔〉聽覺統計調查表 ……… 27

表二-4　〈青花瓷〉聽覺統計調查表 ……………… 27

表二-5　〈梅花〉聽覺統計調查表 ………………… 28

表二-6　〈中國新娘〉聽覺統計調查表 …………… 28

表二-7　〈又見炊煙〉聽覺統計調查表 …………… 29

表二-8　〈馬不停啼的憂傷〉聽覺統計調查表……… 30

表二-9　〈快樂天堂〉聽覺統計調查表 …………… 31

表二-10　〈不想你也難〉聽覺統計調查表 ………… 31

表二-11　〈夜來香〉聽覺統計調查表 ……………… 32

表二-12　〈凡人歌〉聽覺統計調查表 ……………… 32

表二-13　〈在水一方〉聽覺統計調查表 …………… 33

表二-14　〈故鄉的雲〉聽覺統計調查表 …………… 34

表二-15　〈朋友〉聽覺統計調查表………………… 35

表二-16　〈爲什麼還不來〉-1 聽覺統計調查表 …… 36

表二-17　〈爲什麼還不來〉-2 聽覺統計調查表 …… 36

表二-18　〈是什麼讓我遇見這樣的你〉聽覺統計調
　　　　　查表 ……………………………………… 39

表二-19　〈喬克叔叔〉聽覺統計調查表 …………… 39

表二-20　〈山丘〉聽覺統計調查表 ………………… 40

表二-21　〈最後一夜〉聽覺統計調查表 …………… 41

表二-22　〈往事只能回味〉聽覺統計調查表 ……… 42

表二-23　〈我的小妹〉聽覺統計調查表 …………… 44

表二-24　〈踏浪〉聽覺統計調查表 ………………… 45

表二-25 〈我是隻小小鳥〉聽覺統計調查表 ………45

表二-26 〈歲月的眼睛〉聽覺統計調查表 …………46

表二-27 〈小雨打在我的身上〉聽覺統計調查表…46

表二-28 〈小蘋果〉聽覺統計調查表 ………47

表二-29 〈鄉間小路〉聽覺統計調查表 ………48

表二-30 〈王妃〉聽覺統計調查表 …………48

表二-31 〈小薇〉聽覺統計調查表 …………49

表二-32 〈姊妹〉聽覺統計調查表 …………49

表二-33 〈把悲傷留給自己〉聽覺統計調查表……50

表二-34 〈你知道我在等你嗎〉聽覺統計調查表…50

表二-35 〈我等著你回來〉聽覺統計調查表 ………51

表二-36 〈橘子紅了〉聽覺統計調查表 ………51

表二-37 〈哭砂〉聽覺統計調查表 …………52

表二-38 〈問〉聽覺統計調查表 …………52

表二-39 〈你怎麼說〉聽覺統計調查表 ………53

表二-40 〈九佰九十九朵玫瑰〉聽覺統計調查表…53

表二-41 〈你的背包〉聽覺統計調查表 ………54

表二-42 〈九月的高跟鞋〉聽覺統計調查表 ………54

表二-43 〈浮躁〉聽覺統計調查表 …………55

表二-44 〈拜訪春天〉聽覺統計調查表 ………55

表三-1 二〇〇八～二〇一七金曲獎「年度歌曲」
得獎歌曲押韻情況 ………70

表三-2 二〇〇八～二〇一七金曲獎「最佳作詞」
得獎歌曲押韻情況 ………71

表三-3 二〇〇八～二〇一七金曲獎「最佳作曲」
得獎歌曲押韻情況 ………71

表三-4 簡譜調式主音、屬音、下屬音之說明 …73

表三-5 〈甜蜜蜜〉詞曲押韻分析表 ………75

表三-6 〈掌聲響起〉詞曲押韻分析表 ………77

表三-7 〈一生一次〉詞曲押韻分析表 ………78

表三-8 〈你快樂所以我快樂〉詞曲押韻分析表…80

表三-9 〈世界像一座彩屋〉詞曲押韻分析表……81

表三-10 〈你怎麼說〉詞曲押韻分析表 ………83

表三-11 〈人間〉詞曲押韻分析表……………………85

表三-12 〈流年〉詞曲押韻分析表……………………86

表三-13 〈春風吻上我的臉〉詞曲押韻分析表……89

表三-14 〈南屏晚鐘〉詞曲押韻分析表…………91

表三-15 〈今宵多珍重〉詞曲押韻分析表…………92

表三-16 〈岷江夜曲〉詞曲押韻分析表…………94

表三-17 〈魂縈舊夢〉詞曲押韻分析表…………95

表三-18 〈梅蘭梅蘭我愛你〉詞曲押韻分析表……98

表三-19 〈讓我們看雲去〉詞曲押韻分析表………99

表三-20 〈無言的結局〉詞曲押韻分析表………101

表三-21 〈亞細亞的孤兒〉詞曲押韻分析表……103

表三-22 〈小城故事〉詞曲押韻分析表…………105

表三-23 〈動不動就說愛我〉詞曲押韻分析表……106

表三-24 〈相思河畔〉詞曲押韻分析表…………109

表三-25 〈下一個男人也許會更好〉詞曲押韻分析
表…………………………………………110

表三-26 〈陪你一起老〉詞曲押韻分析表………112

表三-27 〈心酸的浪漫〉詞曲押韻分析表………113

表三-28 〈小情歌〉詞曲押韻分析表…………115

表三-29 〈問〉詞曲押韻分析表………………117

表三-30 〈香水有毒〉詞曲押韻分析表…………118

表三-31 〈喜劇之王〉詞曲押韻分析表…………120

表三-32 〈全世界失眠〉詞曲押韻分析表………122

表三-33 〈長鏡頭〉詞曲押韻分析表…………123

表三-34 〈愛我的人和我愛的人〉詞曲押韻分析表125

表三-35 〈卸妝〉詞曲押韻分析表……………127

表三-36 〈剪愛〉詞曲押韻分析表……………128

表三-37 〈日不落〉詞曲押韻分析表…………129

表三-38 〈愛情證書〉詞曲押韻分析表…………131

表三-39 〈撕夜〉詞曲押韻分析表……………132

表三-40 〈青花瓷〉詞曲押韻分析表…………134

表三-41 〈鄉愁四韻〉詞曲押韻分析表…………136

表三-42　〈春夏秋冬〉詞曲押韻分析表 …………… 138

表三-43　〈光陰的故事〉詞曲押韻分析表 ……… 140

表三-44　〈祝我幸福〉詞曲押韻分析表 ………… 143

表三-45　〈我是不是該安靜的走開〉詞曲押韻分析
　　　　　表 ……………………………………… 144

表三-46　〈用心良苦〉詞曲押韻分析表 ………… 146

表三-47　〈新鴛鴦蝴蝶夢〉詞曲押韻分析表 …… 148

表三-48　〈忘情森巴舞〉詞曲押韻分析表 ……… 149

表三-49　〈如果雲知道〉詞曲押韻分析表 ……… 151

表四-1　〈龍的傳人〉詞曲押韻分析表 …………… 157

表四-2　〈小鎮姑娘〉詞曲押韻分析表 …………… 158

表四-3　〈不告而別〉詞曲押韻分析表 …………… 160

表四-4　〈就在今夜〉詞曲押韻分析表 …………… 162

表四-5　〈不停的溫柔〉詞曲押韻分析表 ………… 163

表四-6　〈想飛〉詞曲押韻分析表 ………………… 165

表四-7　〈不像個大人〉詞曲押韻分析表 ……… 166

表四-8　〈祈禱〉詞曲押韻分析表 ………………… 168

表四-9　〈蝴蝶飛啊〉詞曲押韻分析表 ………… 170

表四-10　〈我是一片雲〉詞曲押韻分析表 ……… 171

表四-11　〈我是不是你最疼愛的人〉詞曲押韻分析
　　　　　表 ……………………………………… 173

表四-12　〈稻香〉詞曲押韻分析表 ……………… 175

表四-13　〈男人 KTV〉詞曲押韻分析表 ………… 177

表四-14　〈十年〉詞曲押韻分析表 ……………… 179

表四-15　〈往昔〉詞曲押韻分析表 ……………… 181

表四-16　〈祈禱〉第一段　詞曲押韻分析表 …… 183

表四-17　〈站在高崗上〉詞曲押韻分析表 ……… 184

表四-18　〈願嫁漢家郎〉詞曲押韻分析表 ……… 185

表四-19　〈姐姐妹妹站起來〉詞曲押韻分析表 … 187

表四-20　〈遲到〉詞曲押韻分析表 ……………… 189

表四-21　〈舞女〉詞曲押韻分析表 ……………… 190

表四-22　〈不了情〉詞曲押韻分析表 …………… 193

表四-23　〈365 里路〉詞曲押韻分析表 ………… 194

表四-24 〈夕陽伴我歸〉詞曲押韻分析表 ………… 196

表四-25 〈崇拜〉詞曲押韻分析表 ………………… 198

表四-26 〈愛愛愛〉詞曲押韻分析表 ……………… 199

表四-27 〈不搭〉詞曲押韻分析表 ………………… 201

表四-28 〈太委屈〉詞曲押韻分析表 ……………… 203

表四-29 〈自由〉詞曲押韻分析表 ………………… 205

表四-30 〈愛我別走〉詞曲押韻分析表 …………… 206

表四-31 〈橄欖樹〉詞曲押韻分析表 ……………… 208

表四-32 〈讀你〉詞曲押韻分析表 ………………… 211

表四-33 〈不要告別〉詞曲押韻分析表 …………… 212

表五-1 〈三聲無奈〉與〈生蚵仔嫂〉音樂分析表 ………………………………………………… 248

表五-2 〈站在高崗上〉姚莉、楊光版與張惠妹版本分析表 …………………………………… 249

表六-1 引致倒字之因與對應解決方法 ………… 263

譜　次

【譜例二-1】〈恰似你的溫柔〉 ………………… 26

【譜例二-2】〈青花瓷〉 ……………………………… 27

【譜例二-3】〈梅花〉 ………………………………… 28

【譜例二-4】〈中國新娘〉 ………………………… 28

【譜例二-5】〈又見炊煙〉 ………………………… 29

【譜例二-6】〈馬不停蹄的憂傷〉 ……………… 29

【譜例二-7】〈快樂天堂〉 ………………………… 30

【譜例二-8】〈不想你也難〉 …………………… 31

【譜例二-9】〈夜來香〉 ……………………………… 31

【譜例二-10】〈凡人歌〉 …………………………… 32

【譜例二-11】〈在水一方〉 ……………………… 32

【譜例二-12】〈故鄉的雲〉 ……………………… 34

【譜例二-13】〈朋友〉 ……………………………… 35

【譜例二-14】〈為什麼還不來〉-1 …………… 35

【譜例二-15】〈為什麼還不來〉-2 …………… 36

【譜例二-16】〈上邪〉 ……………………………… 38

【譜例二-17】〈是什麼讓我遇見這樣的你〉⋯⋯38
【譜例二-18】〈喬克叔叔〉⋯⋯⋯⋯⋯⋯39
【譜例二-19】〈山丘〉⋯⋯⋯⋯⋯⋯40
【譜例二-20】〈最後一夜〉⋯⋯⋯⋯⋯41
【譜例二-21】〈往事只能回味〉⋯⋯⋯42
【譜例二-22】〈大風吹〉⋯⋯⋯⋯⋯42
【譜例二-23】〈我的小妹〉⋯⋯⋯⋯44
【譜例二-24】〈踏浪〉⋯⋯⋯⋯⋯⋯44
【譜例二-25】〈我是隻小小鳥〉⋯⋯⋯45
【譜例二-26】〈歲月的眼睛〉⋯⋯⋯⋯45
【譜例二-27】〈小雨打在我的身上〉⋯⋯46
【譜例二-28】〈小蘋果〉⋯⋯⋯⋯⋯47
【譜例二-29】〈鄉間小路〉⋯⋯⋯⋯47
【譜例二-30】〈王妃〉⋯⋯⋯⋯⋯⋯48
【譜例二-31】〈小薇〉⋯⋯⋯⋯⋯⋯49
【譜例二-32】〈姊妹〉⋯⋯⋯⋯⋯⋯49
【譜例二-33】〈把悲傷留給自己〉⋯⋯⋯50
【譜例二-34】〈你知道我在等你嗎〉⋯⋯50
【譜例二-35】〈我等著你回來〉⋯⋯⋯51
【譜例二-36】〈橘子紅了〉⋯⋯⋯⋯51
【譜例二-37】〈哭砂〉⋯⋯⋯⋯⋯⋯52
【譜例二-38】〈問〉⋯⋯⋯⋯⋯⋯⋯52
【譜例二-39】〈你怎麼說〉⋯⋯⋯⋯52
【譜例二-40】〈九佰九十九朵玫瑰〉⋯⋯53
【譜例二-41】〈你的背包〉⋯⋯⋯⋯53
【譜例二-42】〈九月的高跟鞋〉⋯⋯⋯54
【譜例二-43】〈浮躁〉⋯⋯⋯⋯⋯⋯55
【譜例二-44】〈拜訪春天〉⋯⋯⋯⋯55
【譜例二-45】〈寧夏〉⋯⋯⋯⋯⋯⋯57
【譜例二-46】〈下一個天亮〉⋯⋯⋯⋯58
【譜例二-47】〈再度重相逢〉⋯⋯⋯⋯59
【譜例二-48】〈其實你不懂我的心〉⋯⋯59
【譜例二-49】〈小薇〉⋯⋯⋯⋯⋯⋯60

【譜例二-50】〈玫瑰玫瑰我愛你〉姚莉版 ………… 60

【譜例二-51】〈玫瑰玫瑰我愛你〉王若琳版 …… 61

【譜例二-52】〈愛上一個不回家的人〉 …………… 61

【譜例二-53】〈夜太黑〉 …………………………… 61

【譜例二-54】〈吻別〉 ……………………………… 62

【譜例二-55】〈我最親愛的〉 ……………………… 62

【譜例三-1】〈甜蜜蜜〉 …………………………… 74

【譜例三-2】〈掌聲響起〉 ………………………… 76

【譜例三-3】〈一生一次〉 ………………………… 78

【譜例三-4】〈你快樂所以我快樂〉 ……………… 79

【譜例三-5】〈世界像一座彩屋〉 ………………… 81

【譜例三-6】〈你怎麼說〉 ………………………… 83

【譜例三-7】〈人間〉 ……………………………… 84

【譜例三-8】〈流年〉 ……………………………… 85

【譜例三-9】〈春風吻上我的臉〉 ………………… 88

【譜例三-10】〈南屏晚鐘〉 ……………………… 90

【譜例三-11】〈今宵多珍重〉 …………………… 92

【譜例三-12】〈岷江夜曲〉 ……………………… 93

【譜例三-13】〈魂縈舊夢〉 ……………………… 95

【譜例三-14】〈梅蘭梅蘭我愛你〉 ……………… 97

【譜例三-15】〈讓我們看雲去〉 ………………… 99

【譜例三-16】〈無言的結局〉 …………………… 100

【譜例三-17】〈亞細亞的孤兒〉 ………………… 102

【譜例三-18】〈小城故事〉 ……………………… 104

【譜例三-19】〈動不動就說愛我〉 ……………… 105

【譜例三-20】〈相思河畔〉 ……………………… 108

【譜例三-21】〈下一個男人也許會更好〉 ……… 110

【譜例三-22】〈陪你一起老〉 …………………… 111

【譜例三-23】〈心酸的浪漫〉 …………………… 113

【譜例三-24】〈小情歌〉 ………………………… 115

【譜例三-25】〈問〉 ……………………………… 116

【譜例三-26】〈香水有毒〉 ……………………… 118

【譜例三-27】〈喜劇之王〉 ……………………… 120

【譜例三-28】〈全世界失眠〉……………………121

【譜例三-29】〈長鏡頭〉……………………………123

【譜例三-30】〈愛我的人和我愛的人〉…………125

【譜例三-31】〈卸妝〉………………………………126

【譜例三-32】〈剪愛〉………………………………127

【譜例三-33】〈日不落〉……………………………129

【譜例三-34】〈愛情證書〉…………………………130

【譜例三-35】〈撕夜〉………………………………132

【譜例三-36】〈青花瓷〉……………………………133

【譜例三-37】〈鄉愁四韻〉…………………………136

【譜例三-38】〈春夏秋冬〉…………………………138

【譜例三-39】〈光陰的故事〉………………………139

【譜例三-40】〈祝我幸福〉…………………………142

【譜例三-41】〈我是不是該安靜的走開〉………144

【譜例三-42】〈用心良苦〉…………………………145

【譜例三-43】〈新鴛鴦蝴蝶夢〉…………………147

【譜例三-44】〈忘情森巴舞〉………………………149

【譜例三-45】〈如果雲知道〉………………………150

【譜例四-1】〈龍的傳人〉…………………………156

【譜例四-2】〈小鎮姑娘〉…………………………157

【譜例四-3】〈不告而別〉…………………………159

【譜例四-4】〈就在今夜〉…………………………161

【譜例四-5】〈不停的溫柔〉………………………163

【譜例四-6】〈想飛〉………………………………164

【譜例四-7】〈不像個大人〉………………………166

【譜例四-8】〈祈禱〉………………………………168

【譜例四-9】〈蝴蝶飛呀〉…………………………169

【譜例四-10】〈我是一片雲〉………………………171

【譜例四-11】〈我是不是你最疼愛的人〉………172

【譜例四-12】〈稻香〉………………………………174

【譜例四-13】〈男人 KTV〉…………………………176

【譜例四-14】〈十年〉………………………………178

【譜例四-15】〈往昔〉………………………………180

【譜例四-16】〈祈禱〉 ………………………… 182

【譜例四-17】〈站在高崗上〉 ………………… 183

【譜例四-18】〈願嫁漢家郎〉 ………………… 184

【譜例四-19】〈姐姐妹妹站起來〉 …………… 186

【譜例四-20】〈遲到〉 ………………………… 188

【譜例四-21】〈舞女〉 ………………………… 189

【譜例四-22】〈不了情〉 ……………………… 192

【譜例四-23】〈365 里路〉 …………………… 194

【譜例四-24】〈夕陽伴我歸〉 ………………… 195

【譜例四-25】〈崇拜〉 ………………………… 197

【譜例四-26】〈愛愛愛〉 ……………………… 199

【譜例四-27】〈不搭〉 ………………………… 200

【譜例四-28】〈太委屈〉 ……………………… 202

【譜例四-29】〈自由〉 ………………………… 204

【譜例四-30】〈愛我別走〉 …………………… 206

【譜例四-31】〈橄欖樹〉 ……………………… 208

【譜例四-32】〈讀你〉 ………………………… 210

【譜例四-33】〈不要告別〉 …………………… 212

【譜例五-1】〈茉莉花〉（山西民謠版） ……… 221

【譜例五-2】〈茉莉花〉（江蘇民歌版） ……… 221

【譜例五-3】〈茉莉花〉（臺灣流傳最廣版本，黃鶯
鶯版） ………………………………… 223

【譜例五-4】〈茉莉花〉（黃鶯鶯版） ………… 223

【譜例五-5】〈月圓花好〉 ……………………… 224

【譜例五-6】〈一條日光大道〉 ………………… 226

【譜例五-7】〈如果〉 …………………………… 228

【譜例五-8】〈讓我們看雲去〉 ………………… 228

【譜例五-9】〈月亮代表我的心〉 ……………… 229

【譜例五-10】〈一場遊戲一場夢〉 …………… 231

【譜例五-11】〈驛〉 …………………………… 232

【譜例五-12】〈煎熬〉 ………………………… 233

【譜例五-13】〈新不了情〉 …………………… 233

【譜例五-14】〈一無所有〉 …………………… 235

【譜例五-15】〈鹿港小鎮〉 …………………… 236

【譜例五-16】〈酒矸倘賣嘸〉 ………………… 237

【譜例五-17】〈母系社會〉 …………………… 238

【譜例五-18】〈愛情的摩托車〉 ……………… 240

【譜例五-19】〈就在今夜〉-1 ………………… 241

【譜例五-20】〈就在今夜〉-2 ………………… 242

【譜例五-21】〈哭砂〉-1 ……………………… 243

【譜例五-22】〈哭砂〉-2 ……………………… 243

【譜例五-23】〈忙與盲〉 ……………………… 244

【譜例五-24】〈牛犁歌〉 ……………………… 246

【譜例五-25】〈三聲無奈〉鄧麗君版 ………… 247

【譜例五-26】〈三聲無奈〉余天版 …………… 247

【譜例五-27】〈青蚵嫂〉江蕙版 ……………… 248

【譜例五-28】〈青蚵嫂〉羅大佑版 …………… 248

【譜例五-29】〈站在高崗上〉姚莉、楊光版 …… 250

【譜例五-30】〈站在高崗上〉張惠妹版 ………… 251

【譜例五-31】〈站在高崗上〉姚莉、楊光版結尾· 252

【譜例五-32】〈站在高崗上〉張惠妹版結尾 …… 252

【譜例五-33】〈站在高崗上〉張惠妹版 ………… 252

【譜例五-34】〈甜蜜蜜〉鄧麗君 ……………… 253

【譜例五-35】〈甜蜜蜜〉周華健 ……………… 254

【譜例五-36】〈甜蜜蜜〉周華健 ……………… 255

【譜例五-37】〈流水年華〉鳳飛飛 …………… 256

【譜例五-38】〈流水年華〉庾澄慶 …………… 257

第一章　緒　論

　　中國韻文及傳統戲曲在過去的社會，就是音樂與文學結合的藝術，《尙書》：「詩言志，歌永言，聲依永，律和聲」，〔註1〕《禮記·樂記》言：「詩，言其志也；歌，詠其聲也；舞，動其容也。三者本於心，然後樂從之。」〔註2〕不僅是詩，王國維《宋元戲曲考》如此說：「凡一代有一代之文學，楚之騷、漢之賦、六代之駢語、唐之詩、宋之詞、元之曲，皆所謂一代之文學，而後世莫能繼焉者也。」〔註3〕這些韻文皆與音樂關係密切，不僅流傳於民間，貴、士族也藉專門作曲者供人唱和，而成爲社會的娛樂活動。然，這些古代應合樂的詩歌並無法藉任何載體流傳下來，現今所見之韻文留有文字，沒有音樂部分，往往我們看一首詩、詞或曲由語言感受它的意境，但這些結合音樂的韻文，許多情緒來自當時與之相合的音樂。

　　李時銘先生〈論詩歌與音樂之共性——從言音節出發的考察〉一文前言：「詩歌理論上來說是可以合樂歌唱的，其性質相當於歌詞：從《詩經》所收錄的篇章，到古詩、樂府、近體詩、詞曲以及明清的時調小曲，都可以視爲歌詞，只不過大多數的曲調並沒有保留下來。」〔註4〕因此我們在沒有留下旋律的狀況下讀詩，還是能懂其中之意涵，但絕不能認爲它們只有文字性質，

〔註1〕　〔唐〕孔穎達疏：《尚書正義》，阮元刻《十三經注疏》本，（臺北：藝文印書館，1997 年 8 月），頁 46。

〔註2〕　〔唐〕孔穎達疏：《禮記注疏》，阮元刻《十三經注疏》本，（臺北：藝文印書館，1974 年 8 月），頁 682。

〔註3〕　北京燕山出版社編，王國維：《王國維先生全集》第五冊，《宋元戲曲史》（北京：燕山出版社，1997 年），頁 50。

〔註4〕　李時銘：〈論詩歌與音樂之共性〉，《彰化師範大學文學誌》第二十五期，2012 年 12 月，頁 2。

音樂也是詩詞曲主要的元素之一。

至於中國傳統戲曲，清代已是繁花盛開，許多地方戲曲源自宋、金、元、明，一篇名為〈齊魯文化與山東人〉的一段話：「現任梅蘭芳館館長的秦華生，在其所著《清代戲曲文化論》提及，清代的戲曲承繼北宋雜劇、南宋戲文、遼雜劇、金院本、元雜劇、明傳奇等戲曲基礎上發展，因此衍變形成新的多元格局，對清代的戲曲表演活動影響深遠。」〔註5〕這話意味清代足以成為中國戲曲的豐收時代，各地區的地方戲曲接踵而來，造就清代戲曲的與日蓬勃，又是一個充滿樂音的時代。這些以歌唱為主體的戲曲，在演唱時皆有曲牌，曲牌體製有一定規則，長短句為主的唱詞，其聲調要配合音樂的旋律，如聲調、押韻、字數，如此以詞配樂才能符合情感意境，可見兩者結合關係十分密切。

這些韻文的發展在民間愈是蓬勃，經常演變成某地區特色，並且唱成不同的聲腔，如梆子腔、崑曲腔等，日久便包羅萬象，就文學觀點，亦可稱為民間文學或俗文學。鄭振鐸於《中國俗文學史》言：「包括民歌、民謠、初期的詞曲等等。從《詩經》中的一部分民歌直到清代的〈粵風〉、〈粵謳〉、〈白雪遺音〉等，都可以算是俗文學這一類的東西。」〔註6〕若是如此，流行歌曲既有歌詞也配音樂，大多亦考慮押韻，藉不同媒介流傳於民間，也應視為韻文形式的藝術。

中國流行音樂教父黎錦暉於一九二七年創作中國第一首現代流行歌曲〈毛毛雨〉，〔註7〕黎遂為其父所寫的《民國風華—我的父親黎錦暉》一書這樣說：

> 〈毛毛雨〉是以我國民族民間曲調和歐美現代音樂結合的產物，它自然發音，平易近人，一聽就懂，多聽就能上口，人人都能學會。它宣揚自由、平等、博愛、和諧，詞曲通俗、淺近、易唱、動聽；它是中國第一首真正意義上的流行歌曲，也是真正屬於老百姓的平民歌曲。〔註8〕

〔註5〕 王修智：《齊魯文化與山東人》（濟南：山東人民出版社，2010 年 1 月），頁 21。
〔註6〕 鄭振鐸：《中國俗文學史》上（臺北：臺灣商務印書館，1992 年 11 月，臺一版第九次印刷），頁 7。
〔註7〕 葛濤：《唱片與近代上海社會生活》（上海：上海辭書出版社，2009 年 6 月），頁 163。
〔註8〕 黎遂：《民國風華——我的父親黎錦暉》（北京：團結出版社，2011 年 10 月，第一次印刷），頁 104。

上海百代唱片公司後來發行這首歌，如黎逐所言，於上海傳唱起來，成為朗朗上口的流行歌曲，之後上海逐成國語流行歌曲產地，國民黨撤退來臺後，當時上海流行的歌曲，依舊透過香港在臺灣繼續傳唱、重唱。

　　上述有個關鍵句——「民間曲調」，若說〈毛毛雨〉為中國第一首真正的流行歌曲，這又和傳統曲調流傳至各地，與其他音樂型態結合之情況雷同，只不過這次是和歐美音樂融合，如此融合，讓國語流行歌曲展現最大的特徵——西洋化；但，民間從此不唱傳統曲調或歌謠嗎？五〇年代那些小調至今有它的聽眾，〈甜蜜蜜〉由中國民間曲調〈月牙五更〉發展，〔註9〕陶大偉、陳昇以京腔唱〈猜猜我是誰〉（陶大偉／陶大偉／陶大偉／飛碟唱片／一九八三）及〈北京一夜〉（陳昇、劉佳慧／陳昇／陳昇、劉佳慧／滾石唱片／二〇〇〇）；陶喆（陶大偉之子）、孫燕姿發行個人首張專輯時，分別於歌中引用臺灣民謠〈望春風〉（李臨秋、娃娃／鄧雨賢／陶喆／俠客唱片／一九九七）與〈天黑黑〉（廖瑩如、April／李偲菘／孫燕姿／華納唱片／二〇〇〇）；二〇一〇年獲二十一屆金曲新人徐佳瑩所唱之〈身騎白馬〉（徐佳瑩／徐佳瑩、蘇通達／徐佳瑩／亞神唱片／二〇〇九）則引用歌仔戲中〈七字調〉，傳統曲調仍有小眾，當它結合不同音樂素材，遂成新的歌曲。

　　由中國第一首現代流行歌曲〈毛毛雨〉誕生後，上海因為是中國西化最濃厚城市，國語流行歌曲追隨西洋曲風影響便愈見明顯，〔註10〕但與古代韻文及傳統戲曲的關係，經過朝代更迭，一些體制、格律甚至情境設計樣貌尚在，甚至能跨越世代同聲唱和。歌曲動聽易學易唱，倚靠著旋律與詞意兩者結合，當然，流行歌曲並沒有格律限制，但透過歌曲分析，亦能與古代「詩言志，歌永言，聲依永，律和聲」的協韻效果感受和諧之感。

〔註9〕王冠群：《通俗歌曲創作十講》（長春：長春出版社，1993年2月第1次印刷），頁121。

〈甜蜜蜜〉首句：

$$\| : 3 - 56 | 3 - - 1 | 2 \cdot 225 | 3 - - 0 | 2223 | 2116 5 \|$$

甜　蜜　蜜，　你　笑　得　甜蜜蜜。　　好像花兒　開　在　春風

$$| 1 - - 2 | 3 \cdot 235 | 2 - - - | 2 - - 0 : \|$$

裡，　開　在　春風　　裡。

〈月牙五更〉第一小節

$$| 3365 3 \quad - \quad | 2356 3216 | 22 \quad 12 \quad - | \qquad \|$$

〈甜蜜蜜〉是在民歌〈月牙五更〉第一小節基礎上發展而來。

〔註10〕翁嘉銘：《樂光流影》（臺北：典藏文創有限公司，2010年10月21日初版），頁19。

第一節　研究動機與目的

一、研究動機

　　對於七歲便開始聽流行歌曲，至今仍視為日常的聽眾，聽過不同年代的歌曲，偶爾回頭再聽，記憶經常帶人回到當年聽歌的現場，頗有蔣捷〈虞美人〉「少年聽雨歌樓上，紅燭昏羅帳」的心境，[註11] 甚至能記起某時期的社會氛圍，如香港已逝創作者黃霑所言：「一代一聲音」，[註12] 這些歌已是某個年代的聲音與記憶，常駐腦海，迴旋不已。今已中年，聽歌未減，已有為此生活化，卻深入人心的作品，留下記錄的念頭，中國文學系身分研究此題目頗為合理，動機亦單純，因此，願將流行歌曲與古典韻文之間還剩存的一些關係，或傳統戲曲裡偶爾聽見的曲調，做理論結合與探索，提供流行歌壇一些可行的建議。

　　促使本研究的另一個動機，乃欲將此階段的流行歌曲，作歷史性之回顧與前瞻，一九四九年至二○一七年，近七十年歲月，因歷史變遷，流行歌曲隨社會氣氛、流行文化、各種自由意識抬頭後，有著多元呈現，儘管本文探討範圍僅侷限於幾個主題，歌曲豐富度卻伴隨臺灣許多人經過四分之三的世紀，值得為此編寫如歌的歲月，藉此讓韻文之美有教育之果效。

二、研究目的

　　流行歌曲的發展，可看出社會的部分節奏及氣氛，[註13] 自國民政府至臺，由反共抗俄之意識型態，衍生禁歌政策，[註14] 便是擔心歌曲藉民間流傳破壞意識建構，之後中美建交，臺灣人民情緒激昂，愛國歌曲傳遍全國。七○年代，劉家昌於流行歌壇呼風喚雨，他為愛情小說改編拍成的電影，譜寫許多主題曲，流行文化瀰漫一股瓊瑤的愛情、劉家昌的情歌；之後臺灣國際舞臺出現危機，流行歌曲在愛國情操感染下，出現新樣貌，劉家昌寫出〈黃埔軍魂〉、〈梅花〉、〈中華民國頌〉等國家意識歌曲，社會民族氣息漸升。不

〔註11〕唐圭璋編：《全宋詞》第五冊（北京：中華書局，1999 年 1 月），頁 3444。

〔註12〕黃湛森：〈粵語流行曲的發展與興衰：香港流行音樂研究（1949～1977）〉，香港：香港大學哲學博士論文，2003 年 5 月，頁 182。黃湛森為黃霑本名。

〔註13〕陳建志：《未來感》（台北：聯合文叢，2008 年 7 月），頁 74。作者以〈慢聽劉家昌〉一文來說明流行歌會因時代的氛圍而產生不同的音樂題材。

〔註14〕張大春：〈敢有歌吟動地哀於無聲處聽驚雷——查禁歌曲值得大驚小怪之處〉，《聯合文學》第七卷第十期，1991 年 8 月，頁 107～108。

久，校園歌曲「唱自己的歌」形成一種運動，年輕人的心聲成爲一股清流；近年影響歌壇甚巨的五月天樂團，則以國臺語大融合基調，唱出另一時代的年輕心聲，〔註15〕許多歌迷一聽便十幾年，七〇末至二〇〇〇後，年輕人聽歌取向由清新至吶喊，隨引領風騷者變化而翻轉不斷，這些是流行歌曲與社會氛圍相互影響之現象。

　　另一個影響則是，華語市場最重要的流行音樂重鎮在臺灣，七〇年代前的群星會，至七〇後，鄧麗君、劉文正、鳳飛飛撐起國語歌壇；不久偶像派崛起，江玲、沈雁、林慧萍、金瑞瑤、楊林，個個以清純玉女之姿，掀起偶像戰國階段。期間港星襲臺，於歌壇熱鬧一時，〔註16〕可說是鄧麗君之後，歌壇近二十年沒有眞正的歌唱巨星，直至原住民歌手張惠妹出現，推翻偶像派主導市場，重奪歌唱實力階段，〔註17〕華語市場又回歸臺灣。

　　九〇末至二〇一〇年，新、馬、香港及中國歌手，紛紛以臺灣爲發跡地，孫燕姿（新）、蔡健雅（新）、林俊傑（新）、巫啓賢（馬）、梁靜茹（馬）、戴佩妮（馬）、陳奕迅（港）、莫文蔚（港）、王菲（中）、那英（中）；二〇一〇後，華語地區歌手來臺，以中國大陸最甚，如，李健、李榮浩、郭頂、宋冬野皆爲例子，對臺灣流行歌曲影響漸增。如此普及的民間歌曲，帶動更多人聽演唱、觀 MV、追巨星，也留意看歌詞、迷詞人，著名如李宗盛、方文山、林夕、姚若龍，方文山甚至出版寫詞專書，探討歌詞該如何押韻。〔註18〕

　　歌詞本應押韻，這出於自然，如《詩經》三百篇，亦自然成韻，其後騷、賦、詩、歌、詞、曲莫不源于《詩經》，〔註19〕皆講求押韻，無論哪個時期，歌壇詞人多半注重，莊奴、劉家昌、瓊瑤、李宗盛之作，仔細分析皆可發現留意押韻之現象。但，押韻在流行歌曲向來僅限於文字，並未於音樂上相互

〔註15〕王祖壽：《歌不斷》（臺北：三采文化出版事業有線公司，2014 年 10 月 30 日），頁 388。

〔註16〕參閱 KKBOX 主題音樂館之經典回顧：〈港星來臺發展篇〉2007 年 9 月 14 日。（https://www.kkbox.com/tw/tc/column/features-43-274-1.html）2017 年 5 月 17 日檢索。八〇中期至九〇中期活躍於臺灣流行歌壇之香港歌手有：如八〇初期至九〇中期之貫思樂、鄭少秋、譚詠麟、梅豔芳、張國榮、草蜢隊、鄺美雲、劉德華、張學友、黎明、郭富城、林憶蓮、王菲、彭羚、鄭秀文、鄭仲基、陳曉東、許志安、周慧敏、梁詠琪……。

〔註17〕翁嘉銘：《樂光流影——臺灣流行音樂思路》（臺北：典藏文創，2010 年 10 月 21 日初版），頁 67。

〔註18〕方文山：《關於方文山的素顏韻腳詩》（臺北，華人版圖，2006 年）。

〔註19〕胡甫才：《詩體釋例》（臺北：臺灣中華書局，1958 年 3 月臺一版），頁 1。

協調，不像古代以詞配樂，故，本文研究目的有三：

  （一）過去研究歌詞押韻僅以歌詞爲主，本文將詞、曲一起進行討論，不單一論述，因流行歌曲乃韻文形式，旋律與詞意必須同時參考。

  （二）探究流行歌曲詞曲關係間的現象，兩者相合或衝突情況有哪些？如何解決。

  （三）藉此提升創作者、演唱者對歌曲的講究程度，盡量朝詞曲相合及意境接近之方向。

  此外，若讀過此篇論文者，能敏銳知覺於聽歌藝術不僅在於感官體會，亦能意識作品之詞曲關係，因搭配得宜或不合而有所感，對聆聽一事，多一層欣賞角度。

第二節　研究範圍

一、國語流行歌曲定義

  國語，指標準漢語，亦即北京腔，目前亦有人稱之華語，但華語一詞仍包含各地屬於中華語系之意，本文則以北京腔立定義。

  流行歌曲之定義相當多元，黃湛森（黃霑）以流行音樂人兼研究學者身分指出：「流行」（popular）一詞至少有四個通行意義：一是泛指大多數人喜歡的事物；二指不在「精英」或「高尚文化」之列，質素比較低下，價值不高的東西；三爲故意贏取大眾歡心，有「譁眾取寵」味道；最後是大眾爲自己個人所做的事。〔註20〕《中國大百科全書》以通俗音樂（popular music）稱之，指通俗易懂、易於傳唱、擁有大眾聽眾、有別於嚴肅的古典音樂、傳統音樂者。〔註21〕另一個以傳播學的理由認爲流行歌曲是歌詞與影像所含意義引起的認同。〔註22〕

  綜言之，本文對國語流行歌曲定義以北京腔發音爲主，通俗易傳唱，爲

〔註20〕黃湛森：〈粵語流行曲的發展與興衰：香港流行音樂研究（1949～1977）〉（香港：香港大學哲學博士論文，2003 年 5 月），頁 2。

〔註21〕中國大百科全書出版編輯：《中國大百科全書・音樂・舞蹈卷》（北京：中國大百科全書出版社，1989 年 4 月），頁 752。

〔註22〕謝奇任：《國際唱片工業研究——跨國唱片公司的全球化、本土化、數位化》（臺北：五南圖書出版股份有限公司，2006 年 3 月初版一刷），頁 7。

大眾歡迎且能引起情感認同的歌曲，所選百餘首譜例皆具有上述特質。

二、時間範疇

　　據林瑛琪博士所撰《臺灣的音樂與音樂家》，國語流行歌曲起源於一九三○年代，EMI唱片公司在上海成立，一九四○年代末，上海流行歌曲移至香港及臺灣，〔註23〕國語流行歌曲則由上海與香港過渡至臺灣持續發展，因此〈薔薇處處開〉（一九三四）、〈夜來香〉（一九三四）、〈天涯歌女〉（一九三七）、〈花好月圓〉（一九四○）、〈恭喜恭喜〉（一九四六）、〈夜上海〉（一九四七）等歌曲，〔註24〕在臺灣流行超過半個世紀。

　　六○年代末，劉家昌為瓊瑤的〈月滿西樓〉（一九六八年）譜曲，正式開啓他的創作生涯，也拓展之後對流行歌曲的影響。除上述的電影歌曲、愛國歌曲外，他也讓古典文學的語言唱進旋律中，成為大眾傳唱的流行歌曲，如為鄧麗君所做的幾首古詞，成了中國文學結合流行音樂經典之作，〔註25〕如傳唱度最高的〈獨上西樓〉（一九八三年）便是一例。

　　七○年代中期，流行歌曲轉入校園。一九七五年，以余光中的《中國現代民歌──鄉愁四韻》現代詩譜曲的作品，被視為臺灣現代民歌發展的開始。〔註26〕當時的民歌旋律編曲清新自然、歌詞以樸素之姿展演，不時充滿濃郁的中國風和校園氣味。校園民歌（本文以校園歌曲稱之）時期的歌詞，不少以中國景物的懷詠，以及由古典文學或現代詩穿梭譜曲的創作，當時金韻獎出版許多創作歌曲，代表作為《金韻獎紀念專題》。〔註27〕此張專輯為新格唱片公司出版一連串校園歌曲合輯中的第一張，於當時掀起一股風潮，〔註28〕收錄了徐志摩詩作〈再別康橋〉（徐志摩／李達濤／范廣慧／新格唱

〔註23〕林瑛琪：《臺灣的音樂與音樂家》（臺北：五南文化事業，2010年2月一版出刷），頁154。

〔註24〕洪芳儀：《上海流行音樂（1927～49）雜種文化美學與聽覺現代性的建立》（臺北：政大出版社，2015年6月），頁255～257。

〔註25〕鄧麗君：《淡淡幽情》（台北：寶麗金唱片公司，1983年）。劉家昌為鄧麗君此張專輯譜寫了〈獨上西樓〉（南唐李煜〈相見歡〉一詞）、〈萬葉千聲〉（宋歐陽脩）等古詞。

〔註26〕張釗維：《誰在那邊唱自己的歌──台灣現代民歌運動史》（台北：時報，1994年8月），頁75。文中提及：「一九七五年六月，楊弦的『現代民謠創作演唱會』在一股『民歌運動史』當中，有著類似『辛亥革命第一槍』一般的地位。」

〔註27〕黃克隆、姚厚笙製作：《金韻獎紀念專題》（台北：新格唱片，1977年12月）。

〔註28〕陶曉清、馬世芳、葉雲平編：《台灣流行音樂200最佳專輯》（台北：時報出

片／一九七七），這是現代詩與流行音樂做了新的結合。〈再別康橋〉是現代詩人徐志摩二〇年代創作的詩，抑揚頓挫又朗朗上口的節奏感，在七〇年代中後期廣為傳唱。此首以流行音樂形式譜曲的現代詩，除了金韻獎時期范廣慧演唱過之外，之後萬芳（一九九八）及林宥嘉（二〇〇八）皆詮釋過，這可以說明，校園歌曲以新詩入樂，意味著歌詞與旋律之間的關係，較容易有相合之現象。

七〇年代後期，臺灣社會運動起步，校園歌曲產生質的變化，此時創作者與歌手更加繁盛，前期較為重要的校園歌手如：李雙澤、楊弦、胡德夫、李泰祥；之後重要民歌手如：齊豫、殷正洋、侯德建、李建復等；已故歌手或是歌曲創作者如：馬兆駿、賴西安、黃大城等人。之後羅大佑、李泰祥的出現，校園歌曲豐富多元，大量歌詞唱出人文關懷與社會責任，作家填詞之作亦增加，諸如余光中、鄭愁予、三毛、席慕容等皆參與其中。

隨著侯德建、羅大佑、李泰祥、的作品流傳，校園歌曲運動達到前所未有的高峰，〔註29〕如三毛填詞之〈橄欖樹〉（三毛／李泰祥／齊豫／新格唱片／一九七九），一九七八年，民歌手楊祖珺便在校園演唱會唱過，與胡德夫、吳楚楚、楊弦、李雙澤皆為第一代校園歌手。〈橄欖樹〉是當代作曲家李泰祥之音樂作品，齊豫以寬闊沒有虛音的唱法，節奏由四四拍到四二拍又接至四三拍，節奏轉換間仍保持音樂的和諧，這是一首由作家填寫歌詞的作品。

李泰祥在古典音樂累積的曲目相當多，但在校園歌曲活躍的時代，也創作校園歌曲，不但收集許多歌詞，並為它們譜曲，成為臺灣校園歌曲運動早期重要之音樂人，足見其肯定通俗音樂的價值，與另一位當代作曲家郭芝苑的想法類似，〔註30〕而李泰祥在非古典的領域中影響力似乎也超過古典領域。

臺灣流行歌曲發展，於校園歌曲走入末期後，成為風花雪月代名詞，戒嚴體制摧殘創作自由，知識分子或學院內的青年，轉而在西洋的搖滾樂或古典樂中尋找感動，此時羅大佑的出現，扭轉許多不聽國語歌的人聆聽他的

版，2009 年 1 月），頁 43。
〔註29〕顏綠芬：《台灣當代作曲家》（台北：玉山社，2006 年 12 月），頁 214～215。
〔註30〕顏綠芬：《台灣的真情樂章》（台北：典藏出版社，2008 年 12 月），頁 170。
作者代述郭芝苑的說法：「音樂無高低上下之分是郭芝苑一向的信念，他可以為草民、為歌星寫歌，而不覺得有失身分；他也寫廣告歌曲，兒童歌曲…。」

歌。〔註31〕其《之乎者也》專輯，引人注目的是批判性歌詞，收錄的歌如〈鹿港小鎮〉、〈鄉愁四韻〉（余光中詞）、〈童年〉、〈戀曲一九八○〉，作品使用文白夾雜的詼諧文字；諷刺僵化的教育，如〈之乎者也〉（羅大佑／羅大佑／羅大佑／滾石唱片／一九八二）。羅大佑歌詞的批判現象，如同文學作品對現實生活的描寫，皆具有文學面貌，而且長於運用旋律配合詞意的發展，再加上他在詞曲咬合的努力，讓人聽過一次便難以忘記的旋律，影響之後流行音樂的發展。專輯中收錄的〈童年〉，爲羅大佑致力於歌詞口語化、通俗化的開始，以鮮活可愛筆調，表現出童年的歡樂時光與期待，〔註32〕此首亦收進國中國文教科書。

羅大佑之後，以歌詞批判、自省的創作者陸續出現，如鄭智化，其創作歌詞對社會犀利的批評，於一九九○年代初期廣受歡迎，代表作如〈水手〉、〈星星點燈〉〈大國民〉；張雨生，其後期對自身反省的歌曲，雖不受市場青睞，卻影響許多流行歌手，〔註33〕如〈動物的悲歌〉替流浪動物發聲，〈口是心非〉唱出不願身做傀儡的苦痛，是自我覺察的深厚之作。

另一張流行音樂作品主題，圍繞在人文關懷的描繪，是一個中年男子對自身及周遭省思後的創作──李壽全的《8又二分之一》。〔註34〕此張專輯的特點，在於作者與眾多作家合作寫詞，如吳念眞〈8又二分之一〉、張大春〈加州的彩虹〉、〈殘缺的角落ⅠⅡ〉及〈未來的未來〉、陳克華〈看不見自己的時候〉、詹宏志〈上班族的一日〉等。整張專輯每一首歌的主題均不相同，編曲者以節奏區分樂曲及歌詞議題的風格外，不同的歌曲場景，也以獨特樂器音色標誌，如〈未來的未來〉聽到薩克斯風川流不息的樂音、〈殘缺的角落ⅠⅡ〉出現西門町街頭藝人的口琴聲、〈看不見自己的時候〉出現低吟的大提琴聲，這些聲音與詞意的相融相當迷人。〔註35〕另一個特色是，專輯完

〔註31〕陶曉清、馬世芳、葉雲平編：《台灣流行音樂 200 最佳專輯》（台北：時報出版，2009 年 1 月），頁 21。

〔註32〕陶曉清、馬世芳、葉雲平編：《台灣流行音樂 200 最佳專輯》（台北：時報出版，2009 年 1 月），頁 21。

〔註33〕江昭倫：〈張雨生逝世 20 年獲頒金曲特別貢獻獎〉（臺北：中央廣播電臺，2017 年 6 月 24 日）。（http://news.rti.org.tw/news/detail/?recordId=352616），2017 年 6 月 25 日檢索。張雨生於逝世二十年，獲二十八屆金曲獎特別貢獻獎，評審認爲其音樂創作風格多變，編曲或詞曲皆前衛，對許多音樂人啓發並影響，其創作精神因此被延續拓寬，貢獻值得肯定。

〔註34〕李壽全：《8又二分之一》（台北：飛碟唱片公司，1986 年 8 月）。

〔註35〕陶曉清、馬世芳、葉雲平編：《台灣流行音樂 200 最佳專輯》（台北：時報出

全沒有愛情內容，這在國語流行音樂專輯中是相當特殊的面向，當時傳唱度最高的是〈我的志願〉及〈張三的歌〉兩首。

流行歌曲自劉家昌至校園歌曲後，羅大佑充分將各樣議題置於歌曲中，這些詩化或散文化的歌詞，在臺灣現代化發展快速的階段，又出現新趨向。李宗盛，由校園歌曲（木吉他合唱團）橫越流行歌曲，開創以都會女子爲主題，創作無數經典情歌的音樂人，創作的歌詞字數通常較長，內容深受八、九○年代大眾的喜愛，如感慨現代女人生活快速的〈忙忙忙〉（袁瓊瓊／李宗盛／張艾嘉／滾石唱片／一九八五）、爲女性逝去的愛情創作的〈夢醒時分〉（李宗盛／李宗盛／陳淑樺／滾石唱片／一九八九）、〈傷痕〉（李宗盛／李宗盛／林憶蓮／一九九四）等，皆反映城市的女子變化的愛情觀，流行歌壇也因李宗盛此類風格產量之大，開拓挖掘女性意識的新主題。〔註36〕李宗盛點出的議題，不同於羅大佑的社會現象或自身省思面向，特別擅長替都會女性發聲，因爲歌曲感染力強，暢銷於八、九○年代。

二○○○年後，流行歌曲走向對文化或社會現象探討，過去禁忌的話題，詞人開始涉及論述觀點，流行樂壇歌手張惠妹《阿密特意識專輯》爲男同性戀者歌頌〈彩虹〉（陳鎮川／阿弟仔／阿密特／金牌大風／二○○九），歌詞：「我們的愛很像，都因男人而受傷，卻又繼續碰撞。當天空昏暗，當氣溫失常，你用巨大的堅強總能抵擋。當尖銳眼光，當刺耳聲響，你用彩虹的浪漫，溫柔包裝。」爲衣櫃裡的同志發聲，歌手從此成爲臺灣同志擁護者，甚至不斷爲同志人權發聲，成爲多元成家婚姻平權法案推動第一位連署的歌手；〔註37〕或談論自殺議題的〈靈魂的重量〉（陳鎮川／阿弟仔／阿密特／金牌大風／二○○九），後悔的文字唱著：「當我真的告別以後，真的不像詩人形容，只不過消失了靈魂重量的幾公克，我後悔了」；唱及家庭暴力的〈爸！我回來了〉（周杰倫／周杰倫／周杰倫／BMG／二○○一），口語化方式念著家庭暴力的殘酷：「我聽說通常在戰爭後就會換來和平，爲什麼看到我的爸爸一直打我媽媽？就因爲喝醉酒就能拿我媽媽出氣。」這是一段控訴，藉由不斷反覆喊唱「不要再這樣打我媽媽」，凸顯主題。

版，2009 年 1 月），頁 52。

〔註36〕陳建志：《未來感》（台北：聯合文叢，2008 年 7 月），頁 77～78。

〔註37〕社團法人臺灣伴侶權益推動聯盟：〈多元成家‧平權之路伴侶盟 2010～2015 工作成果〉，2015 年 9 月 25 日。（https://www.facebook.com/tapcpr/videos/10153 091354785965/）2017 年 5 月 20 日檢索。

　　流行歌曲至此，已有一個走向，分眾市場漸漸超過大眾市場比例，此乃拜曲風、歌手特色、創作內容分別受不同族群青睞所致。歌曲有固定族群喜好，感同身受之人跟唱聆聽，藉由媒介使議題浮現於大眾的聽覺系統，造就流行歌曲不斷創新主題的風潮，甚至提高社會法案推動的能見度，流行歌曲及歌手對於社會之影響已有舉足輕重之地位。

　　本研究所採之歌曲，為一九四九至二○一七年，近七十載的國語流行歌曲（之後簡稱流行歌曲），除其中因論及各地曲調，使用一組閩南語演唱之譜例外，皆以國語為主，幾首早於一九四九年之歌曲，因其流行跨度長，仍引述之。至於寫作內容涉及範圍，並非僅以當代理論為內容，古典韻文及傳統戲曲亦有多處探討，因此範圍除流行歌曲，並涉及下列範圍：

　　　　（一）古典詩韻、詞牌。
　　　　（二）戲曲理論運用，及曲調流傳現象。
　　　　（三）歌曲則有原創、重唱、翻唱外國曲等範圍。

　　因本研究對所選材料年代範圍，隱含歷史變革之層面，故，將流行歌曲在臺灣這期間之社會背景、音樂曲風之變化亦概略闡述，儘管分期並非本文主要之中心議題，卻能藉不同時期之歌曲，觀察倒字、押韻現象之變化及其消長，以及同一歌曲於跨世代的再創作後，聲情意境之變化，對本文論述有其輔助作用。

第三節　文獻回顧與討論

　　就目前蒐集流行歌曲之學術研究，幾乎僅以歌詞進行探討，能將詞、曲融入內容討論者極為少見，再能以古典韻文及戲曲音樂納入範疇者，則實屬難得，本文蒐羅中喜見助益研究之專書與論文資料，茲將區分：流行歌曲研究現況、運用古典韻文傳統戲曲之研究資料、流行歌曲曲式分析三部分，這些參引資料亦為本文架構來源之一。

一、流行歌曲研究現況

　　目前臺灣研究流行歌曲大致分成三種方式：

　　（一）以文化社會角度論之：如戒嚴時期禁歌於社會的影響，研究方式多以考察現象為主，或以歌詞內容探討社會互動為內容，並未從詞、曲共同的方向研究，如：

1、陳怡君：〈臺灣戒嚴時期流行歌曲的禁歌研究〉。〔註38〕

2、賴靖珉：〈流行歌曲與臺灣社會之互動（1945～2015）——以歌詞為
中心之探討〉。〔註39〕

3、王淳眉：〈製作類型：戰後國語通俗音樂「流行曲」與「搖滾樂」的
系譜考察，從「滾石」、「飛碟」到「水晶」〉。〔註40〕

（二）將歌詞分成主題探究：此類的研究佔多數，為綜合性流行歌曲為
主，這類的研究偶爾會談論歌曲分析或押韻現象，不過主要以歌詞內容分類
為重，如：

1、張璧瑩：〈戒嚴時期臺灣流行歌曲研究 1949～1987 年〉，〔註41〕將
戒嚴時期的歌曲分為幾個主題，其中部分內容做到曲式分析與押韻
討論。

2、陳錫章：〈一九三○、四○年代上海流行歌曲之歌詞研究〉，〔註42〕同
樣分成主題。

3、楊宗樺：〈「文明社會」——楊宗樺華語流行歌曲創作理念與分析〉
〔註43〕，此篇歌曲分析以編曲及技面為主，特別的是，所分析歌曲均
為自身創作。

4、郭詠茹：〈戒嚴時期（1949～1987）國、臺語流行歌曲歌詞意涵的比
較〉，〔註44〕做詞意比較。

5、劉祐銘：〈臺灣國語流行歌詞用韻研究（1998～2008）〉，此篇內容在
用韻分類中使用音韻學探討不同類型的押韻方式。

〔註38〕陳怡君：〈臺灣戒嚴時期流行歌曲的禁歌研究〉，佛光大學歷史學系碩士論文，
2016 年 6 月。

〔註39〕賴靖珉：〈流行歌曲與臺灣社會之互動（1945～2015）——以歌詞為中心之探
討〉，國立臺灣教育大學音樂系碩士班，2016 年 1 月。

〔註40〕王淳眉：〈製作類型：戰後國語通俗音樂「流行曲」與「搖滾樂」的系譜考察，
從「滾石」、「飛碟」到「水晶」〉，國立交通大學社會與文化研究所碩士論文，
2016 年。

〔註41〕張璧瑩：〈戒嚴時期台灣流行歌曲研究 1949～1987 年〉，國立中央大學中國文
學系碩士論文，2005 年。

〔註42〕陳錫章：〈一九三○、四○年代上海流行歌曲之歌詞研究〉，嘉義：南華大學文
學系碩士班，2009 年

〔註43〕楊宗樺：〈「文明社會」——楊宗樺華語流行歌曲創作理念與分析〉，臺北：文
化大學音樂學系碩士論文，2017 年。

〔註44〕郭詠茹：〈戒嚴時期（1949～1987）國、台語流行歌曲歌詞意涵的比較〉，臺
北：國立臺北教育大學臺灣文學所碩士論文，2015 年 7 月

　　（三）以某位歌手、詞人之作品為研究對象：此研究方向多著墨詞意、修辭及歌詞內容分析，尤以方文山、林夕兩人的歌詞研究為多：

　1、李東霖：〈黃俊郎流行歌詞研究〉。〔註45〕

　2、張維真：〈吳青峰華語詞作主題研究〉，〔註46〕吳青峰為詞曲創作者，並未討論曲之分析。

　3、謝憶凡：〈羅大佑國語歌詞之語言風格研究〉，〔註47〕以歌詞語言風格帶來的效果為主。

　4、俞大惠：〈十方一念──林夕 2004～2014 國語歌詞修辭探驪〉，〔註48〕以林夕詞之修辭為內容。

　5、周佳妮：〈方文山歌詞修辭現象研究〉，〔註49〕探討修辭。

　　以上為目前研究流行歌曲的大致方向，歌詞研究偏重內容有：押韻、修辭、歌詞意境、背景及詞人介紹，偶有歌曲分析但未配合旋律。

二、運用古典韻文與傳統戲曲之研究資料

　　能以國語流行曲分析詞曲關係並結合古典韻文與傳統戲曲者，需要的不僅是文學背景，要能熟悉詩詞曲格律之基本概念，又得具備音樂素養並大量聆聽歌曲，本文所參考之文獻與資料中有以下篇章、專書及論文，助益最多：

　　（一）黃湛森：〈粵語流行曲的發展與興衰：香港流行音樂研究（1949～1977）〉，本篇為香港詞曲創作者之博士論文，此篇雖是探討香港流行音樂，以分期法分述香港流行歌壇的興衰，但在廣告歌的演唱方法中，有一個分析倒字現象的例子，〔註50〕雖為僅有之例，黃湛森以實際創作經驗者所舉出的

〔註45〕李東霖：〈黃俊郎流行歌詞研究〉，屏東：國立屏東大學中國語文學系碩士論文，2015 年。

〔註46〕張維真：〈吳青峰華語詞作主題研究〉，新竹：國立新竹教育大學中國文學系語文教師在職專班碩士論文，2013 年。

〔註47〕謝憶凡：〈羅大佑國語歌詞之語言風格研究〉，臺中：國立中興大學中國文學研究所碩士論文，2015 年。

〔註48〕俞大惠：〈十方一念──林夕 2004～2014 國語歌詞修辭探驪〉臺北：，國立臺灣師範大學國文學系碩士論文，2016 年。

〔註49〕周佳妮：〈方文山歌詞修辭現象研究〉，新竹：國立新竹教育大學進修部語文教學系碩士論文，2011 年。

〔註50〕黃湛森：〈粵語流行曲的發展與興衰：香港流行音樂研究（1949～1977）〉，香港：香港大學哲學博士論文，2003 年 5 月，頁 70。他如此解釋：高平音的「新」字，填配了低音，變成低平。一字之差，意思馬上變得荒，這就是倒字現象

例子，結合與音韻及戲曲分析歌曲，對本文有諸多啟發。

（二）李時銘先生：《詩歌與音樂論稿》，〔註51〕此書為音樂與文學討論之專書，其中下編：〈詞與音樂〉更直截切入主題，以韻文及戲曲的理論看詞與音樂的關係，「詞曲相配」、「一調多體」、「格律化」及倒字現象、攤破、添聲、減字……，為本文理論與架構之重要專書。李時銘另一篇：〈論詩歌與音樂之共性〉談及音樂與文學結合概念，說明漢字單音節的聲調特質與音樂配合時產生之情趣，亦提供本文研究的方向。

（三）曾大衡：〈華語當代流行歌曲與戲曲曲體形式的關連性〉，〔註52〕此篇運用方式以戲曲音樂體製分析流行歌曲的規律性，如以重頭、組曲、集曲、雜綴、犯調在流行音樂上的相同結構進行論述，並舉出多段音樂旋律分析歌詞，作者為戲劇學系生，能以戲曲結合流行歌曲探討兩者的相同關係，真是一個開拓，對本文研究過程中頗具參考價值。

（四）流行歌曲曲式分析

臺灣分析流行歌詞的專書並不多，多半以古典音樂分析曲式為主，然以研究周璇歌曲為主題的洪芳儀《天涯歌女——周璇與她的歌》，〔註53〕以音樂系作曲組背景分析周璇上海時期的歌曲，為本文進行五、六○年代之歌曲分析提供作曲者的視角分析歌曲。另，中國大陸幾位作者所寫之專書對本文曲式分析均有所幫助，如吳祖強《曲式與作品分析》、〔註54〕王冠群《通俗歌曲創作十講》、〔註55〕曾遂今《現代通俗歌曲觀念與技法》、〔註56〕楊瑞慶《通俗歌曲創作漫談》〔註57〕等。

經常發生的情況。

〔註51〕 李時銘：《詩歌與音樂論稿》（臺北：里仁出版社，2004 年 8 月）。

〔註52〕 曾大衡：〈近代流行音樂的多元文化體現〉，《藝術欣賞期刊》六十七期，第 11 卷第 2 期，2015 年 6 月。

〔註53〕 洪芳儀：《天涯歌女—周璇與她的歌》（臺北：秀威資訊科技股份有限公司，2008 年 1 月 BOD 版）。

〔註54〕 吳祖強編：《曲式與作品分析》（北京：新華書店，2003 年 6 月）。

〔註55〕 王冠群：《通俗創作十講》（長春：長春出版社，1993 年 2 月）。

〔註56〕 曾遂今：《現代通俗歌曲觀念與技法》（成都：四川教育出版社，1993 年 10 月）。

〔註57〕 楊瑞慶：《通俗歌曲創作漫談》（上海：世界圖書出版社，1994 年 8 月第 1 版）。

第四節　研究方法與步驟

一、資料蒐集

　　本文內容分為文字與歌曲兩部分，資料蒐集來自圖書與網路及媒體，如表一-1：

表一-1　本文圖書資料蒐集來源

文字材料來源：圖書	歌曲材料來源：實體音樂	蒐集之材料內容
逢甲大學圖書館	視聽資料	紙本圖書、期刊、電子資源
中興大學圖書館	視聽資料	紙本圖書、期刊
國立公共資源圖書館	數位資源音樂媒體	數位典藏
個人收藏	黑膠、錄音帶、CD、DVD	購書

*資料來源：本文自行編輯

（一）網路與媒體

　　流行歌曲實體唱片衰落，取而代之的是網路音樂平臺，歌手發表形式亦轉由網路線上發行，本文部分歌曲蒐集來自一些平臺，甚至廣播電臺也提供節目歌單供聽眾上網查詢，這對研究者而言是快速取得歌曲材料的方式，下列表格為本文使用的網路與媒體資料來源：

表一-2　本文圖書資料蒐集來源

文字圖書		
蒐集來源	網路檢索	蒐集之材料內容
國家圖書館	http://www.ncl.edu.tw/	使用博碩論文知識加值系統與期刊論文索引系統蒐集歷年論文與期刊，電子與紙本。
中國國家哲學社會科學文獻中心	http://www.ncpssd.org/	中國大陸文獻資料下載。
香港大學	http://www.hku.hk/	哲學系博士論文（黃湛森）部分
MÜST　社團法人中華音樂著作權協會	http://musttaiwanorg.blogspot.tw/	詞、曲、唱者分析

交通大學數位典藏國家型科技計劃	http://lth.e-lib.nctu.edu.tw/	李泰祥〈不要告別〉、〈一條日光大道〉、〈橄欖樹〉
聯合報電子新聞網	http://a.udn.com/focus	洗腦神曲
科技新報	http://technews.tw/	歌曲製作
中央通訊社	http://www.cna.com.tw/	流行歌曲相關新聞
行政院文化建設委員會電影紀事館	http://can.cca.gov.tw/movies	電影與歌曲
Blow 吹音樂網路	https://blow.streetvoice.com/	金曲獎討論
文化部影視與流行音樂產業局	http://www.bamid.gov.tw/file	流行歌曲音樂史
央廣	http://www.rti.org.tw/	曾永義說〈生蚵仔嫂〉
360 度圖書館	http://www.bamid.gov.tw/	蘇打綠歌曲分析
臺灣教會公報	http://www.tcnn.org.tw/	〈生蚵仔嫂〉
歌　曲		
KKBOX 線上音樂	https://www.kkbox.com/tw/	流行歌曲蒐集及閱聽
Indievox 獨立音樂網	https://www.indievox.com/	流行歌曲蒐集及閱聽
Youtube	https://www.youtube.com/	流行歌曲蒐集及閱聽
中廣音樂網	http://www.bcc.com.tw/	流行歌曲蒐集及閱聽

*資料來源：本文自行編輯，參考各網路平臺之資料。

二、研究方法

　　本文各章研究方式不一，除參閱前人論述、文本資料、音樂與影音檢閱外，並使用以下方法：

　　（一）文獻分析法：本文文獻分析，乃透過對歌曲資料的蒐集作分析及歸納，並對資料作客觀描述的研究方法，如倒字、押韻之細項分類，均由歌曲資料（歌譜、評論、論文）作實際分析。此研究方法可觀察流行歌曲在倒字、押韻之狀況，藉由文獻內容的歸納、分析可以瞭解歌曲一路發展之概況，甚至能歸納不同時期歌曲押韻的現象，或同一作家之特色。本研究主要蒐集在臺灣地區發行之國語歌曲爲主之資料，資料蒐集方式已由上述表一-1、一-2呈現。

　　（二）歷史研究法：本研究研究年代，由一九四九年至二〇一七年，近七十年之流行歌曲。歷史研究法需要由現存之歷史資料（歌曲）蒐集，根據不同時期之歌曲，對所提出之議題作論述，特別針對押韻現象的觀察，能發

現押韻由一韻到底至換韻種類多元的變化。但，其限制在於研究資料無法全面掌握，歌曲數量龐大，尤其二○一○年後，歌曲走上數位化，能成為流行歌曲的數量反而不多，在代表性歌曲不夠之下，二○一○年後之譜例相對其他時期便少了許多。

（三）歸納法：歌曲於蒐集後，依各章主題歸類成細項，第二章歸類常引致倒字現象之字，解決方法；第三、四章押韻現象則分類成整齊及變格兩大類；第五章歌曲聲情意境分成契合與未盡契合兩類。

（四）調查統計法：主要為第二章倒字現象之聽錯比率調查。調查統計表蒐集時間為二○一四～二○一六年，調查對象為就讀臺中市立兩校進修部之學生。對象之選擇原因：一為進修學校年齡層分布較廣，能於不同年代歌曲測試時，產生較高信度；一為本文研究者為進修學校教師，調查對象容易取得。倒字現象之聽覺調查共有一百二十份樣本數，測試四十二首歌曲，於資料回收後，於每首歌曲下方以表格計算其聽錯之比例。

（五）分析法：歌曲分析。

此外，茲將本文論文主要內容二至五章的研究步驟以表格一-3 說明：

表一-3　第二～五章「歌曲分析法」研究步驟

章次／研究內容	研　究　步　驟	運用理論
第二章　倒字現象	1、聽歌、選歌。 2、分類法：倒字產生現象之分類。 3、聽覺調查法：實際聆聽之效果。（120分調查卷，分析聽錯比率）。 4、分析譜例產生倒字之原因，並提出解決方式。 5、分析譜例：五十五首。	漢語聲調 詩歌格律 戲曲唱腔
第三章　押韻現象（一）	1、聽歌、選歌。 2、分類：一韻到底與換韻之分類。 3、分析表設計：分析每首詞曲押韻情況。 4、以譜例與分析表分析不同押韻現象。 5、分析譜例：四十五首。	詩歌押韻 基本音樂理論
第四章　押韻現象（二）	同上 分析譜例：三十三首。	

第五章　詞曲意境	1、聽歌、選歌。 2、不同版本分析。 3、以歌曲風格分析其意境相合與否。 4、分析譜例：三十八首。	詩歌押韻 基本音樂理論 意境說理論

＊資料來源：本文自行編輯。（本文所收樂譜來源多處，字形格式不盡相同，爲求美觀一致，均由筆者重新打譜，歌詞用韻處原則上標句號，以合韻文標點通例。打譜軟體爲 EOP 簡譜大師軟體，並此致謝。）

　　第三、四章韻腳依據《中華新韻》，﹝註58﹞茲將國語韻母系統製表如下：

　　韻，即韻母，指聲母以外的音，是字音發出唇舌位置活動或變化的方向。韻母是由元音加輔音而成，其中又有單元音、二合、三合韻母。﹝註59﹞歌詞押韻探討的雖是韻母結構，但從韻頭（介音）、韻腹（主要元音）、韻尾（元音韻尾或輔音韻尾）中，創作人及歌者均能體現歌詞在韻腳上的作用，尤其依實際歌唱情形，唱者將韻腳之頭、腹、尾唱得明顯，均能感受歌詞合韻與否，自然也會影響好聽與否。

表一-4　韻母（注音符號下所注者為國際音標）﹝註60﹞

倒坐韻	一〔i〕	ㄨ〔u〕	ㄩ〔y〕
ㄦ〔ə〕			
ㄚ〔a〕	一ㄚ〔ia〕	ㄨㄚ〔ua〕	
ㄛ〔o〕	一ㄛ〔io〕	ㄨㄛ〔uo〕	
ㄜ〔ɤ〕			
ㄝ〔e〕	一ㄝ〔ie〕		ㄩㄝ〔ye〕
ㄞ〔ai〕	一ㄞ〔iai〕	ㄨㄞ〔uai〕	
ㄟ〔ei〕		ㄨㄟ〔uei〕	
ㄠ〔au〕	一ㄠ〔iau〕		

﹝註58﹞ 教育部國語推行委員會編：《中華新韻》（臺北：國語日報出版社，1973 年 12 月第一版）。本文依《中華新韻》考量押韻，乃因依據古音，對現代人依標準國音的習慣，會感覺違和感，失去韻文趣味。

﹝註59﹞ 單元音韻母僅由一個元音組成；二合韻母由複合元音或一個元音加一個輔音組成；三合韻母由介母、主要元音加韻尾組成，或撐韻頭、韻腹、韻尾。楊蔭瀏：《語言與音樂》（北京：人民音樂出版社，1983 年 1 月），頁 3。

﹝註60﹞ 韻母（元音）：因發音的不同分成四大類：1.一ㄨㄩ，單韻母介音。2.ㄚㄛㄜㄝ，單韻母。3.ㄞㄟㄠㄡ，複韻母。4.ㄢㄣㄤㄥ，聲隨韻母。而ㄦ爲捲舌韻母，坐，不單獨使用。

ㄡ〔ou〕	一ㄡ〔iou〕		
ㄢ〔an〕	一ㄢ〔ian〕	ㄨㄢ〔uan〕	ㄩㄢ〔yan〕
ㄣ〔ən〕	一ㄣ〔in〕	ㄨㄣ〔uən〕	ㄩㄣ〔yu〕
ㄤ〔aŋ〕	一ㄤ〔iaŋ〕	ㄨㄤ〔uaŋ〕	
ㄥ〔əŋ〕	一ㄥ〔iŋ〕	ㄨㄥ〔uŋ〕	ㄩㄥ〔yuŋ〕
開口呼	齊口呼	合口呼	撮口呼

*資料來源：林尹著、林炯陽注釋：《中國聲韻學通論》（臺北：黎明文化事業股份
　　有限公司，1992 年 10 月 9 版），頁 40。

（六）實際訪談法

本文另外以實際訪談兩位流行歌壇創作音樂人，他們分別為本文提供兩
個實際觀點：

（一）黃婷

臺大外文系，從二〇〇五年入行寫歌詞，創作過梁靜茹《絲路》中的〈我
還記得〉，之後活躍於流行歌詞界，著名歌詞作品有：〈我愛他〉、〈猜不透〉、
〈分手後不要做朋友〉、〈好的事情〉等。其提供金曲獎評審最佳詞、曲仍考
量兩者相合，並不會僅考量單一層面，但標準每年均不一，有時著重時代氛
圍、有時則看當年樂風。

（二）黃文龍

目前為太極音樂製作擔任唱片監製及製作人，曾製作白冰冰、蔡小虎、
方順吉、大芭、安以葳等閩南語歌曲，並發行三張薩克司風流行音樂專輯。
其提供目前臺灣流行歌曲選歌情況，大部分為先有詞再請詞人參加比稿。

任何研究皆有其限制與困境，當流行歌曲由實體唱片進入線上聽歌階
段，大量歌曲在日產量大增之下，甚多歌曲尚未聽聞便已淹沒，本文鎖定國
語流行歌曲為範圍，以如此龐大的歌曲數量，無法確定某些歌曲於本文論述
分類中是否遺漏，或為最佳範例。另，由純粹欣賞到研究者之跨越，角度與
專業皆不同音樂系生，某些理論尚未精透，此乃本文研究之限制與困境所在。

本文進行的研究方法，先由資料蒐集並選用材料，特別是歌曲必須為大
眾傳唱度高，或有當年度銷售量高之專輯中的歌曲，之後加以分析提出理
論，運用上述所列之研究方法與步驟，方能將論文完成。

第二章　詞曲關係之倒字現象

　　創作流行歌詞三十餘年的詞家樓南蔚，對於詞曲配合的要求如此說：「說到詞曲的契合度，我個人認為有幾點一定要注意，並且是應該做到的。首先是斷句和音韻的配合，一句旋律就是一句話，有主副詞、介係詞、名詞及形容詞及換氣點等等的安排，這些詞系要如說話一般跟著旋律走，偶爾一字之差，斷句的位置錯了，聽起來就不順。」〔註1〕她認為每個字均有抑揚頓挫，若能與說話的語調和旋律同行並進，才不至於誤會詞意，甚而強調須做到不必看歌詞，也能清楚歌手唱的是什麼詞，樓南蔚談的即是，避免詞曲關係中，避免倒字產生的方法。

　　文學與音樂於含意的表達不同，文學以文字符號表達，是具體的展現，目的是讓讀者看得懂，即使文章隱晦不清，至少略懂幾成；音樂為抽象且不易理解，尤其演奏及演唱兩者的內容亦不同，因此旋律的詮釋從節奏快慢、演唱者的雕飾與樸實，皆可因編曲方式而使其彈性更大。換言之，音樂的自由度較文字高，雖然它僅由高低長短的音符，砌成的一種藝術形式，但涉及風格，便有和諧與否、合不合理的問題，而論藝術合理與否，似乎亦為不合理之事，不過它確實有必須服從的元素，創作後才能被認識與接受。

　　因此，一般不易於聽完某段音樂後，詢問這段音樂的感受如何？這說明音樂的抽象性與不確定性，並且沒有標準答案，泰半為聽者主觀之感受。無論古今，音樂與文學最大的脫鉤，在於詞牌曲調與歌詞是可拆解分離的，每

〔註1〕樓南蔚：〈歌詞裡包裹的世界〉，2013 年 10 月 25 日。（https://www.facebook.com/mustmusictaiwan），2016 年 8 月 21 日由 MÜST 社團法人中華音樂著作權協會檢索。

次演唱、奏皆爲再創作。歌曲要令聽眾清楚而不致誤解，旋律與歌詞便不能各唱各調，它們之間看似脫鉤卻有邏輯可言。

　　詩歌原本是可以合樂歌唱，爲了合樂歌唱，文字會搭配音樂節奏，節奏顯現於句法及押韻中，爲使歌詞與音樂容易搭配，遂漸格律化。中國詩歌格律化約於六朝聲律說開始，聲律說出現前，中國古詩並無格律可言，但有合樂歌唱的基本要素，形式包括節奏、押韻，而押韻其實也是一種節奏，如漢代樂府，表面上類似，文字出入也不少，卻合乎音樂節奏。然，並非所有人均通音樂，即使創作亦不見得合樂，故長期演變後，爲了讓更多人能寫歌詞，於是有人歸納歌詞與音樂相合的節奏產生格律化，近體詩遂由此而來。〔註2〕

　　至唐，律詩在格律上開始講究，無論用韻、平仄、對仗均有規定，而近體詩之格律仍屬單純並非最嚴格，到了曲子詞，格律才愈趨嚴謹。古代詞譜將平仄使用範圍規定於固定位置，依此判斷是否合律，此現象與傳統戲曲倒字類似，傳統戲曲唱腔亦須依字設腔、按字譜曲，音樂的旋律與字音相互配合，故，曲譜設計須與四聲音調相合，否則將引致倒字。諸多創作者，既懂歌詩亦熟音樂，因此創作的歌曲悅耳好聽。本文所以尋找上述之間的規則，目的是讓不懂音樂但欲寫詞，或寫曲卻不瞭解歌詞聲調者，其譜之曲、填之詞能經歌者演唱時不致誤聽，畢竟創作者並非兩者皆通，詞曲關係無法配合，引致倒字則無法倖免，若能力避，歌曲美感將爲之遞增，亦爲本文探究倒字現象之意義。

　　本章將由傳統戲曲之基礎，以國語流行歌曲爲核心議題，提出流行歌曲倒字情況，對現象做分析，並提出解決方法。研究方法由資料蒐集、分析、解釋現象及提出解決方式，並經由聽覺調查分析聽者對歌曲誤聽之情形，證明流行歌曲倒字現象的普遍性，以此提供詞、曲創作者注重兩者間之配合，提昇流行歌曲創作之專業度。

第一節　倒字現象

　　楊蔭瀏《語言與音樂》論及聲調與音樂的關係，經常表現於歌唱技巧上，唱者對歌曲聲調與旋律的敏感度高，能從字調的音樂規律，掌握歌曲演唱技巧，將字唱正避免因倒字誤聽。〔註3〕所謂倒字，就孫從音〈戲曲唱腔和語言

〔註2〕李時銘：《詩歌與音樂論稿》（臺北：里仁出版社，2004年8月），頁155。
〔註3〕楊蔭瀏：〈語言音樂初探〉，收錄於《語言與音樂》（臺北：丹青圖書有限公

的關係〉原意，即指四聲聲調中之陰平和陽平顛倒，〔註4〕為了避免倒字，注意唱詞之四聲聲調有其必要。

　　傳統戲曲為避免倒字，其方式與古典詩詞方式相同，即，聲調與字詞配合相當嚴謹，魏良輔《南詞引正》言：「五音以四聲為主，四聲不得其宜，五音廢矣。平、上、去、入，必要端正明白。有以上聲唱做平聲，去聲唱作入聲者，皆因做作腔調故耳，宜速改之。」〔註5〕此處乃指旋律與字音結合須體現四聲，平、上、去、入務必準確，這是由詞、曲創作角度而言；然，引致倒字另一原因和唱者素養相關，如傳統戲曲中的皮黃梆子中〈蘇三起解〉：

```
| 3 2 | i 01 | 6 5 | 3 3 | 0 5 | 6535 | 6 3 | 3 5 |
   蘇   三    離    了    洪桐         縣，    將    身

| 6 | 3 | 3535 | 656i | 5 3 | 3 5 | i | 6 56 |
  來   在   大      街    前，未  曾        言   我

| i | i 5 | 6 5 | 3535 | 6 3 | 0 i | 5  6 ‖
  心    好 慘，過  往      的 君   子     聽   我（以下略）
```

唱詞「將身來在大街前」中的「街」為陽平音，若按旋律演唱，「街」之旋律為〔656i〕，下行音階後，復爬高音，因此「街」會誤聽為上聲之「姊」音，此為一例。雖說倒字於戲曲表演時必會嚴格避免，但就實際演唱，仍有走腔之調，在所難免；但相較流行歌曲而言，傳統戲曲於旋律與字音結合之要求仍屬嚴格，而流行歌曲往往為求旋律動聽，無法與詞相配，倒字遂屢見不鮮。

　　倒字是聲調問題，而國語（應說漢語）〔註6〕是聲調語言，最大特色為聲調有別義作用，聲調高低與歌曲旋律有著密切關係。聲調別義作用，使之成為精簡且有效率的語言，同樣語素加上聲調，可用少量的語素表達更多意義，

司，1986 年 3 月臺一版），頁 21。

〔註4〕 孫從音：〈戲曲唱腔和語言的關係〉，收錄於《語言與音樂》（臺北：丹青圖書有限公司，1986 年 3 月），頁 103。

〔註5〕 〔明〕魏良輔：《訪書見聞錄・南詞引正》（上海：上海古籍出版社，1985 年），頁 239。

〔註6〕 教育部國語推行委員會編：《中華新韻》（臺北：國語日報出版社，1973 年 12月），頁 60。

這是漢語優點所在。因此，一首講究的歌曲，聲調與旋律相合，更能發揮藝術美感及情緒共鳴效果。

　　既然語言有聲調，若置於音樂，就是重要的音素，儘管語言並不完全貼著旋律進行，但在旋律進行時，位於骨幹音或關鍵性位置的聲調加以留意，可產生好的聽覺效果，聽來清晰可辨；假設不留意關鍵位置，聽者將產生理解困難，甚至是誤解。故，詞曲創作考慮字調能有兩種作用，一是歌詞容易聽懂，一是若聲調或字調能熨貼著旋律，可避免衝突，聆聽順暢外，更有聽覺藝術作用。

　　中國詩詞格律化在魏晉聲律論出現後，逐漸有系統的運用於詩韻詞調之中，如，中國第一部韻書，魏李登撰之《聲類》、晉呂靜仿聲類撰《韻集》、〔註7〕此時四聲觀念尚未形成，直至佛經轉讀之風日盛，爲求漢語配合梵文，反切之學興起。永明時期周顒撰四聲切韻、沈約作四聲韻，平、上、去、入就是最早形成的音韻系統，其後之韻書常見上平、下平、上聲、入聲即是以字的聲調編之。〔註8〕唐代律詩格律化後，四聲中之上、去、入併爲仄聲，平仄系統之關係愈加公式化、典範化。〔註9〕另一類之系統則將漢字分陰平、陽平、上聲、去聲四聲，〔註10〕故探討倒字現象前，須就漢語聲調做簡要說明，茲藉趙元任《語言問題》中將漢語聲調調值以表格說明之：〔註11〕

〔註7〕　竺家寧：《聲韻學》（臺北：五南圖書出版公司，2007 年 8 月 31 日），頁 181。《聲類》一書至唐亡佚。

〔註8〕　葉慶炳：《中國文學史》（臺北：學生書局，1984 年 12 月），頁 188～189。

〔註9〕　竺家寧：〈周法高先生在聲韻學上的成就與貢獻〉，《東海中文學報》，第二十九期，2015 年 6 月。其言：「在中古音的發音上，平聲是一類，上去入聲是另一類，彼此之間有顯著的對立性，文學家就利用這種音響上的對立性塑造了平仄E律，成爲唐詩的基本典範。」

〔註10〕楊蔭瀏：〈語言音樂初探〉，收錄於《語言與音樂》（臺北：丹青圖書有限公司，1986 年 3 月臺一版），頁 22。

〔註11〕趙元任、葉蜚聲譯：〈中國音韻裡的規範問題〉，《趙元任語言學全集》（北京：中國社會科學出版社，1985 年），頁 517～521。（原載於《中國語文》第四卷第 5 期，1959 年。另參考武俊達：《戲曲音樂概論》（北京：文化藝術出版社，1999 年 1 月），頁 130。徐富美、高林傳：〈歌詞聲調與旋律曲調相諧和的電腦檢測〉（臺北：行政院國家科學委員會專題研究計畫成果報，2009 年 10 月），頁 4。

表二-1　漢語聲調調值

調　號	第一聲	第二聲	第三聲	第四聲
調類	陰平	陽平	上聲	去聲
調值	55（高平調）	35（中升調）	214（降升調）	53（全降調）
例字	媽	麻	馬	罵

*表格爲趙元任：〈中國音韻裡的規範問題〉之內容。

漢族語言之平仄、四聲，本身已包含音樂旋律因素，當字句構成歌句時，前後單字相互制約，形成創作音樂的重要性，若忽視語言要求，創作者歌詞字調與樂句不相協調，易造成誤解；反之，留意字調於音樂上之獨特性，同時兼顧演唱者和聽者之理解，可減低消除倒字情形。

　　倒字之「字」指的是音符，或稱倒音，「字」，即「譜」字、音符，其規範字音高低上下之音樂傾向，在音韻三因素中（聲、韻、調），字調與音樂的關係顯得更爲重要。

　　本章探討之方式除蒐集歌曲外，亦運用聽覺統計調查法，所舉出之譜例皆經過聽覺調查，方法如下：

　　1、問卷設計意義

　　「聽覺調查表」爲有順序性、目的性之表格，透過問卷蒐集受訪者對國語流行歌曲「倒字」現象之反應，進而分析現象。

　　2、問卷功能

　　所選擇之內容，盡可能爲受訪者未曾聽過或不熟悉之歌曲片段，減少偏誤、扭曲之前提下，蒐集第一次聆聽該歌曲時，誤聽、聽成或無法辨識之數據爲「有效數目」資料。

　　3、問卷設計

　　以本章譜例片段爲內容，分就歌曲之倒字現象分析，設計如下：

　　您有聽過第 1 首歌曲嗎？□有□無。

　　您聽到的歌詞片段是：<u>你還（　　　　　　）嗎</u>　□完全聽不懂。

　　4、蒐集時間爲 2015～2016 年間，測試樣本 83%爲就讀大甲高工與豐原高商進修部學生，年齡層爲十六至五十二歲間，以十六至十八歲者居多；另外 17%，由願意接受本文調查之各階人士，共同統計之結果，共發出一百二十分樣本數，每首有效數目皆不同，以誤聽、聽成之數計算倒字比例，每首歌曲之調查表格如下：

表二-2　倒字聽覺調查表

測試歌詞	樣本數目	有效數目	聽成聽錯	倒字比率
「小」	120	109	「笑」、「消」	90.80%

＊本表格爲自行設計，作爲聽覺統計調查之用。

　　聽覺調查表於本文之功能，主要呈現實際聆聽反應，有助於提出倒字現象之論述來源。倒字現象產生之因，無論就詞曲創作、演唱風格皆可觀察得之，本文蒐羅歌曲過程中，關於倒字現象呈現之樣貌大約有以下情形：

　　一、因下行音階引致之倒字。

　　二、因詞曲創作引致之倒字。

　　三、因演唱風格引致之倒字現象。

　　另，本文音名、唱名、數字、英文字母常於行文出現，爲免於閱讀混淆，茲將符號運用說明如下：

　　1、一般數字以新細明體或 Calibri12 型表之，如 001。

　　2、行文中音符以唱名加〔〕，如〔Do〕、〔Re Mi〕；分析歌曲旋律則以 01SMN 粗體字體標示音名加〔〕，如〔1〕〔23〕〔45〕〔67〕〔67〕。

　　3、內容若爲一段旋律，則直接以簡譜示之。

　　4、倒字比率以有效樣本，誤聽爲有效，若比例超過百分之五十則表示該字、詞倒字現象愈明顯。

　　流行歌曲雖爲大眾娛樂，其構成要素仍是藝術領域範疇——文學與音樂，若細膩分析，便是詞與曲之組成、音調與字調之結合。流行歌曲與傳統戲曲皆有音樂的獨特性，要讓聽者聽得順暢不致彆扭，詞曲間的配合有其必要。校園歌曲盛行期間，蔡琴〈恰似你的溫柔〉便爲有名之倒字例子：

【譜例二-1】〈恰似你的溫柔〉〔註12〕

〔註12〕蔡琴：《你的眼神‧恰似你的溫柔》（臺北：海山唱片，1981 年 9 月）。

表二-3　〈恰似你的溫柔〉聽覺統計調查表

測試歌詞	樣本數目	有效數目	誤　　聽	倒字比率
「恰似」	120	74	「掐死」及「假使」	61.6%

*資料來源：本章聽覺統計調查表，爲實際調查所得，其後不再標註來源。

此首最常提及之誤聽處，爲末句「恰似你的溫柔」，誤聽成「掐死」你的溫柔。「恰似」二字相連皆是全降調之去聲，本應高唱，但爲保其歌名之意，遇主腔處遷就詞意，聽者便有彆扭感，此爲詞曲不合所引致之倒字現象，原本「恰似」之美瞬間「掐死」。

趙元任《語言問題》所發明之漢語聲調調値表中，可以發現避免倒字的一些原則，如「高平低唱」，即高平聲譜在低音位置，仄聲譜於高音位，〔註 13〕若高平聲譜於高音處，倒字將無法避免，如周杰倫〈青花瓷〉：

【譜例二-2】〈青花瓷〉〔註 14〕

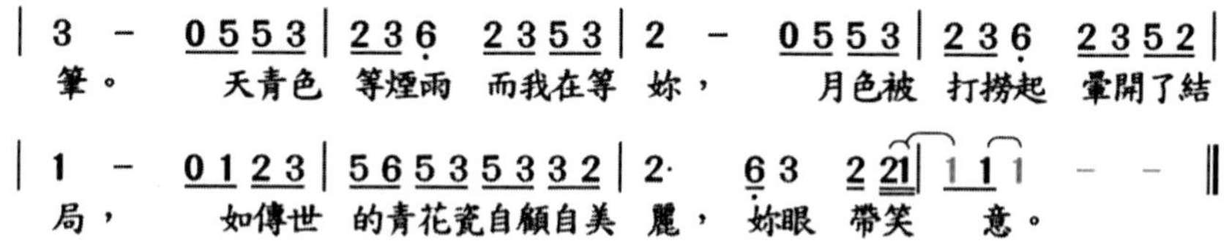
3 - 0553 | 236 2353 | 2 - 0553 | 236 2352 |
筆。 天青色 等煙雨 而我在等 妳， 月色被 打撈起 暈開了結
1 - 0123 | 56535332 | 2· 63 221 1 1 - - ‖
局， 如傳世 的青花瓷自顧自美 麗， 妳眼 帶笑 意。

表二-4　〈青花瓷〉聽覺統計調查表

測試歌詞	樣本數目	有效數目	誤　　聽	倒字比率
「青花」	120	63	「慶畫」、「進化」、「青蛙」	52.5%

「青花」兩字爲高平聲，譜於全曲最高音〔65〕，誤聽爲去聲「慶話」、「進化」等字，亦爲倒字。去聲字適合譜於高音，而高平聲譜於高音便容易引致倒字，幾乎可視爲避免倒字現象的原則。

流行歌曲創作者，並非全能精通詞曲，依目前樂壇普遍先有曲後有詞的產出模式，詞曲互不相讓的情形無可避免。然，有些歌曲即使倒字出現，卻不影響歌詞意義或引致誤解，作者亦可寬鬆進行創作，如〈梅花〉：

〔註 13〕趙琴：〈訪趙元任兼談詞曲的配合〉，本文收錄於薛良所編：《民族民間音樂工作指南》（北京：中國文聯出版公司，1994 年 4 月），頁 369。

〔註 14〕周杰倫：《我很忙．青花瓷》（臺北：SONY MUSIC，2007 年 11 月）。

【譜例二-3】〈梅花〉〔註15〕

| 5 - 3 | 6 - 3 | 2· 316 | 5 - - | 6 1 6 | 5 - 56 | 3 - - | 3 - - ‖
梅　花　梅　花　滿　天　下，　　愈　冷　它　愈　開　花。

表二-5　〈梅花〉聽覺統計調查表

測試歌詞	樣本數目	有效數目	誤　　　聽	倒字比率
「梅花」	120	0	X	X

（本曲因測試者皆聽過，不具效力）

「梅」雖爲倒字，但不易引起誤解。再如〈中國新娘〉：

【譜例二-4】〈中國新娘〉〔註16〕

| 3 5 | 6 5 | 5 - | 0 0 | 356i | 6 5 | 321 16 6 0 ‖
中　國　新　娘，　　　　原來一個都比　一個漂亮。

表二-6　〈中國新娘〉聽覺統計調查表

測試歌詞	樣本數目	有效數目	誤　　　聽	倒字比率
「中國」	120	38	「種括」、「腫鍋」	31.6%

　　即使唱者未依譜而唱，將高平調唱成降升調，但「中國」一詞，因屬社會文化之用詞，不易誤解，由調查表聽錯或聽成比率低可知。〈梅花〉、〈中國新娘〉兩例雖遇倒字，若唱者唱得好聽，未必不可，流行歌曲創作亦不至因死板而侷限。但，流行歌曲研究仍需架構於傳統，方可成具體理論，本文研究基礎便是建立於此。

　　音樂具有方向性，旋律是上下進行的，對漢語而言，旋律本身的進行與聲調關係特別密切，或說旋律在寫作時必須考慮歌詞聲調，因爲漢語聲調具有別義作用，因此聲調在歌詞中，與旋律的配搭就有考量得必要，如暢銷曲〈臺北的天空〉（陳克華／陳復明／王芷蕾／飛碟唱片／一九八五）〔註17〕，聽成「泰北」的天空或「太悲」的天空，諸如此類之倒字現象，在流行歌曲

〔註15〕鄧麗君：《月滿西樓‧梅花》（臺北：華倫唱片，1968年）。

〔註16〕江玲：《中國新娘‧中國新娘》（臺北：新作唱片，1988年7月）。

〔註17〕行文中所出現之歌曲之後將以（詞／曲／唱／出版公司／年代）標之，不另註腳。

厘見不鮮。詞人對譜曲沒有相對概念，為遷就旋律填詞，亦會引致倒字，如〈又見炊煙〉：

【譜例二-5】〈又見炊煙〉〔註18〕

```
| 5·    3 6 5 3 2 | 1 2 1 6 1 5   -  | 6·    6 5   1 2 | 3  -  -  - ‖
  又    見 炊 煙 升   起，              暮    色 罩   大   地。(以下略)
```

表二-7　〈又見炊煙〉聽覺統計調查表

測試歌詞	樣本數目	有效數目	誤　　聽	倒字比率
「炊煙」	120	54	「翠煙」、「脆言」	45%

「炊」煙在此聽成去聲，若唱者沒有捲舌，容易聽成「翠煙」，意思便不同，詞人為遷就旋律，將樂句最高音〔6〕填入「炊」字，平聲唱為仄聲，倒字因而產生。〔註19〕〈又見炊煙〉之倒字包含兩個部分，詞曲配合與演唱風格問題，通常〔La So〕、〔Fa Mi〕相連之下行音階於演唱時，經常唱成去聲，以演唱風格而言，下行音階形成的倒字在流行歌曲中為普遍現象，這種情況是填詞人對依字行腔之概念不熟悉，無法與旋律配搭，因此出現走樣的腔情。事實上填詞人遷就曲調的格律並不困難，端看詞人的音樂素養足夠與否，本章將就此提出解決方法。

第二節　國語流行歌曲倒字現象

倒字是聲調所引致聽者誤聽之現象，若該字位於關鍵處時，現象將更為明顯，如黃舒駿〈馬不停蹄的憂傷〉「馬不停」即為關鍵詞，但因詞曲配搭不宜引致倒字：

【譜例二-6】〈馬不停蹄的憂傷〉〔註20〕

```
| 5     -     | 5     0·  5 | 6 5 5   5 3 2 | 2 1·   2 3 2 |
  喔.....          我 馬 不 停   的 憂 傷，     馬 不 停
```

〔註18〕王菲：《菲靡靡之音・又見炊煙》（臺北：寶麗金唱片，1995年7月）。
〔註19〕同李時銘：《詩歌與音樂論稿》註頁158。
〔註20〕黃舒駿：《馬不停啼的憂傷・馬不停啼的憂傷》（臺北：歌林唱片，1988年）。

表二-8　〈馬不停啼的憂傷〉聽覺統計調查表

測試歌詞	樣本數目	有效數目	誤　　聽	倒字比率
「馬」	120	93	「罵」、「媽」	77.5%

　　「馬」字位骨幹音，詞人將上聲字置於高音，歌手不得不將字唱重，故「馬不停」唱成「罵不停」，而聽覺調查中將「馬」誤聽為去聲「罵」之比例亦高於一半，明顯倒字，這類詞曲不合之例，流行歌曲普遍存在。

　　明代沈璟：「怎得詞人當行，歌客守腔，大家細把音律講。」〔註21〕強調詞行家必須講求音律，四聲平仄之協調，雖然流行歌曲相對古代韻文並沒有固定規則，也無所謂格律化，但古人寫作詩詞時，相當清楚使用的語言，並遵循聲調及音樂元素，合格律後再依字行腔，作品便不至拗口牽強，內容姑且不論，形式必定彼此相合。

　　以目前對流行歌曲創作觀察，發現作詞人隨意性寫作的趨勢與日俱增，同樣元素之材料可以有好的選擇，但詞家每每不敏銳，配曲演唱後，違和感盡現，如〈快樂天堂〉：

【譜例二-7】〈快樂天堂〉〔註22〕

〔註21〕〔明〕沈璟，徐朔方校：《沈璟集》（上海：上海古籍出版社，1991年12月1日），頁850。
〔註22〕滾石群星：《快樂天堂·快樂天堂》（臺北：滾石唱片，1987年1月15日）。

表二-9　〈快樂天堂〉聽覺統計調查表

測試歌詞	樣本數目	有效數目	誤　聽	倒字比率
「河馬」	120	74	「鶴馬」、「喝嗎」	62.5%

　　此首旋律並沒有問題,「大象」與「河馬」皆譜為〔5 5〕,癥結在於兩詞格律不同,平、仄兩詞填於同一旋律,「大象」去聲位於高音不至誤聽,「河馬」平聲於高音處則成倒字,違和感必然出現。

　　傳統戲曲對避免倒字產生的要求相當嚴謹,認為詞、曲皆具獨立性,曲並非詞的語音註解,它們的結合是一種藝術形式,〔註23〕既是結合,便有相互謙讓的理由,才能讓歌曲進行美感經驗與情感表達。流行歌曲對詞曲要求並不如戲曲般嚴格,更精確地說,經常各自獨立互不相讓。茲分下行音階、詞曲創作、演唱技巧三個面向,探討引致歌曲倒字之因。

一、下行音階引致之倒字現象

　　下行音階為行由高音符由高往低階走,其為何形成倒字現象,茲舉〈不想你也難〉、〈夜來香〉兩例論述:

【譜例二-8】〈不想你也難〉〔註24〕

```
| 0·  36 5  532 0 12 | 35·   53 21    -    ‖
  你還 想 我 嗎? 像我 現在  想你 一樣,(以下略)
```

表二-10　〈不想你也難〉聽覺統計調查表

測試歌詞	樣本數目	有效數目	誤　聽	倒字比率
「想」	120	63	「像」、「相」、「香」	52.5%

【譜例二-9】〈夜來香〉〔註25〕

```
| 0 5 7 2 | 23 561 63 | 5 - - - | 6·  123 26 | i - - - ‖
  啊...   我為你歌 唱,      我 為你思 量。
```

〔註23〕暟夫:〈歌曲創作中的「倒字」現象之我見〉,《北方音樂》第八期,2014 年,頁 254。

〔註24〕張清芳《紫色的聲音・不想你也難》(臺北:點將唱片,1990 年 6 月)。

〔註25〕李香蘭(山口淑子):《夜來香・夜來香》(上海:百代唱片,1944 年)。

表二-11　〈夜來香〉聽覺統計調查表

測試歌詞	樣本數目	有效數目	誤　　聽	倒字比率
「思量」	120	86	「四兩」、「似涼」、「死了」	71.6.%

　　第一首歌曲中「你還想我嗎」的樂句為〔３６　５５３２〕，音符由高往下滑，唱至「想我」時，使用三度〔Sol－Mi〕的下行跳進，讓「想」字唱成「像」字，「想你」聽成「像你」，「想」唱成倒字。此處有個觀念說明，一般而言，演唱跟樂器演奏有所不同，此處若為樂器演奏，〔Sol－Mi〕不會產生滑音，但以演唱言之，歌手經常自然連至〔Mi〕音，意即〔Sol〕音往下降，形成不大明顯的下滑音，在聲調上便引致倒字。

　　〈夜來香〉的「思量」〔２６ｉ〕聽成「四兩」，亦為下行音階引致的倒字現象。再如〈凡人歌〉、〈在水一方〉兩首：

【譜例二-10】〈凡人歌〉〔註26〕

| 6 6 6 53 | 3 － － 12 | 3. 55 5 | 5 － － － ‖
　你　我　皆　凡人，　　　生　在　人　　世　間，（以下略）

表二-12　〈凡人歌〉聽覺統計調查表

測試歌詞	樣本數目	有效數目	誤　　聽	倒字比率
「凡人」	120	94	「犯人」、「番人」	78.3%

　　「凡人」旋律為下行音層〔５３３〕，因此「凡」字在此聽成「犯」字，「凡人」誤聽為「犯人」，意義相去甚遠。

【譜例二-11】〈在水一方〉〔註27〕

| 1 56 | 1 － | 1 56 53. | 3 613 2 － | 2 363 5 －
　綠　草　　　蒼　蒼　　　白　霧　　　茫　茫

| 5 5 | 6 － | 6 765 53. | 3 553 2 － | 2 67 | 1 － ‖
　有　位　　　佳　人　　　在　水　　　一　方

〔註26〕李宗盛：《美麗新世界3大風吹・凡人歌》（臺北：滾石唱片，1991年5月）。

〔註27〕江蕾：《昨夜夢中相訴・在水一方》（臺北：歌林唱片，1975年7月）。

表二-13 〈在水一方〉聽覺統計調查表

測試歌詞	樣本數目	有效數目	誤　　　聽	倒字比率
「佳人」	120	81	「嫁人」、「假人」	67.5%

「佳」字亦屬下行音階的問題，他將〔Si La〕直接連下來，又下滑一個音至〔Sol〕，形成更爲明顯的去聲。

上述四首爲四○至九○年代之作品，前後差距約莫半世紀，皆因下行音階引致誤解，可解釋爲流行歌曲因下行音階引致之倒字現象，散布於各時代，且多半由歌手演唱所致。其慣於快速滑至下個音的演唱法，應爲唱片業界錄製歌曲的普遍要求，本文認爲這是因爲歌者演唱時較爲順口、圓滑悅耳，聽覺效果理想所採取之方式，因而倒字情形亦無法迴避。

二、詞曲創作引致之倒字現象

流行歌曲因詞曲創作者互不相讓而形成之倒字現象屢見不鮮，本文姑且以李時銘先生於《詩歌與音樂論稿》中，〈蘭花草〉例子簡化說明。〔註28〕〈蘭花草〉一曲「種在小園中」之「小」字爲上聲字，此處問題是出於作詞與作曲者互不相讓，此段旋律爲：

```
| 63 333·  2 | 1·2 1 7 6  - | 66 66 5   5 | 35 5 4 3  - |
  我從山中來，    帶著蘭花草。    種在小園中，    希望花開早。
```

聽起來順耳，乃因其爲模進關係，若是「種在小園中」改唱爲：

```
        | 66 355·  5 | 35 5 4 3  - ‖
          種在小園中，    希望花開早。
```

便不具模進關係，旋律聽來亦不和諧，此爲詞、曲互不相讓之情形。〈蘭花草〉歌詞爲胡適創作完成後譜寫旋律，譜曲者爲了旋律好聽，忽略與歌詞間產生的倒字問題。

詞曲互不相讓之歌曲頗多，〈故鄉的雲〉則是另一種引致倒字之例：

〔註28〕同李時銘：《詩歌與音樂論稿》註，頁 165。

【譜例二-12】〈故鄉的雲〉〔註29〕

表二-14　〈故鄉的雲〉聽覺統計調查表

測試歌詞	樣本數目	有效數目	誤　　聽	倒字比率
「歸來吧」	120	88	「鬼來吧」、「貴來吧」、「跪來吧」	73.3%

　　音樂與聲調結合時，平仄便有不同唱法，明代王驥德《曲律》言：「平聲聲尚含蓄，上聲促而未舒，去聲往而不返，入聲則逼側而調不得自轉。」〔註30〕這是王驥德對度曲與聲調關係配合的說法，聲調不講究，失去和諧感外，倒字情況易見。

　　〈故鄉的雲〉明顯為詞曲創作問題，「歸來吧，歸來喲！」多數聽覺調查均聽成「鬼來吧，鬼來喲！」誤聽為上聲之因在於「聲調」，並且為配詞問題。上聲字多半譜在低音處，因其為弱拍起句，重音位於下一拍，故，弱拍起句之「歸」這一拍不至唱太強，音距亦會放低一些，就旋律而言是合理的，而且〔5 2 i｜i〕這一句旋律很動聽，可是詞配上「歸」字就產生倒字，此為配詞問題，詞人為遷就旋律，卻產生倒字結果。

　　就通則而言，弱拍起句的音不應過強，強拍落於下一拍，此為音樂形式的內部規律，是自然規律，若歌詞堅持填「歸」字，曲就應改寫，才不至唱成倒字。〈故鄉的雲〉為詞曲關係之配詞不協調所致，〈朋友〉一曲，則為旋律未顧及詞意之情況：

〔註29〕文章：《三百六十五里路‧故鄉的雲》（臺北：四海唱片，1984 年 10 月）。

〔註30〕〔明〕王驥德：《曲律‧論平仄》卷二第五（北京：中國戲劇出版社，1984年），頁 19。

【譜例二-13】〈朋友〉〔註31〕

```
| 2 3 2 1 2 2    3 2 1| 1    2 2 3 1    2 3 |5    5 5 6 1    6 1 |
........          真 愛  過，才 會 懂，會 寂 寞，會 回 首，終 有
| 2      2 1 6 6    5 6 |1    -    0      3 3 5 ‖
夢，    終 有 你，  在 心  中。（以下略）
```

表二-15　〈朋友〉聽覺統計調查表

測試歌詞	樣本數目	有效數目	誤　　　聽	倒字比率
「會回首」	120	63	「揮揮手」、「回回手」、「會揮手」	52.5%

　　「會回首」之旋律〔5 56 1〕聽成「揮揮手」亦是詞曲配合問題，聽覺調查表統計後，較令本文意外之因，乃〈朋友〉為絕大多數受調者聽過之歌曲，在許久未聆聽的情況下（一九九七年），竟有52.5%的聽錯比例。

　　「會回首」〔5 56 1〕並未將旋律做區分，〔5 6 1〕三個音相當鄰近，「會回」兩字聲調差距不大，而旋律〔5 6〕則又是兩個容易變調之唱法，「會回」聽成「揮揮」之可能性增加。曲人只考量旋律發展，忽視詞意，導致「會回」聽為「揮揮」。兩個同調值之音，如同閩南語歌謠〈天黑黑〉，「黑黑」兩個連在一起的低聲〔4 5〕，會有和說話相同的變調唱法，因此「會回首」自然唱成「揮揮手」，作者的考慮未盡細緻，招致旋律未配合詞意。此例雖因演唱產生變調，但主因依舊為詞曲間的配合不協調所致，兩者皆未琢磨演唱時，真正發音的實務所引致。

　　考察中某些易成倒字之字，創作人有時能避開，同時又讓它存在，如〈為什麼還不來〉：

【譜例二-14】〈為什麼還不來〉-1〔註32〕

```
| 4. 3 2. 4 |3 2 1 2 3    - |3 6 7 2 1    7 |6    -    -    6 |
...          我 等 待，  左 等 右 等 你 不  來。    啊
...          你 才 來，  來 了 我 也 不 理  睬。    啊...
```

〔註31〕周華健：《朋友·朋友》（臺北：滾石音樂，1997年12月）。
〔註32〕鄭吟秋：《為什麼還不來·為什麼還不來》（臺北：王振敬股份有限公司，1982年）。

4·	3 2·	4	3 2 1 2 3	— ‖ 3 6 7 2 1	7	6 — — —
…			我 等 待，	左 等 右 等 你 不 來。
			你 才 來，	來 了 我 也 不 理 睬。

表二-16　〈為什麼還不來〉聽覺統計調查表-1

測試歌詞	樣本數目	有效數目	誤　　聽	倒字比率
「左等」、「右等」	120	76	「坐瞪」、「右登」、「坐瞪」、「又瞪」、「左燈右燈」	63.3%

【譜例二-15】〈為什麼還不來〉-2

| 3 6 7 2 1 | 7 | 6 — — — ‖ 3 6 7 2 1 | 7 | 6 — — — ‖ |
| 來了我也不 理 睬。 | | 來了我也不 理 睬。 |

表二-17　〈為什麼還不來〉聽覺統計調查表-2

測試歌詞	樣本數目	有效數目	誤　　聽	倒字比率
「來了」	120	61	「賴了」、「賴聊」	50.8%

　　此處觀察兩個創作引致倒字之情形，譜例二-14之「等」、「左」字與譜例二-15「來」字。「我等待」、「左等又等」兩句旋律分別為〔3 2 1 2 3〕、〔3 6 7 2〕，「我等待」兩個上聲字（「我」、「等」）皆於下滑一個音後，接續爬一個音至〔3〕，避開倒字；第二句「左」字為下行音階，「左」唱成倒音「坐」仄聲，「等」字譜於高音〔2〕，亦為倒字。二-15之「來了」旋律為〔3 6〕下行音階，「來」字唱成仄聲。無論下行音階或上聲字譜於高音，其倒字皆因詞曲雙方無法配合所致。本文認為創作者對歌詞唱倒字之意識並不高，因除第一個「等」字外，其餘明顯為倒字，作者若留意「等」字聲調易引致倒字，應能自覺處理，並且「等」字為本曲關鍵字眼，尾聲不斷重複「左等右等」，但聽者誤聽為「左燈右燈」、「左瞪右瞪」，聲情意境與聽覺美感盡失。

　　流行歌曲風格是多元進展，音樂本身看似幾個音符之升降變換，配上歌詞後能帶出歌曲意境與情感，但音樂進程具有方向性及內在規律，歌詞或旋律略加更動，抑或照應字之聲調，詞曲作者共同留意，各自微調不合之格調，便能避開可能之倒字現象。

三、因演唱技巧引致之倒字現象：發音、咬字關係的倒字現象

　　戲曲界常以「字正腔圓」評價演員唱功及詞曲人的創作水準，「字正」是指語言文學方面的修養，能創作出與唱詞語言音調相適應的唱腔旋律能力；「腔圓」乃能根據語言四聲處理唱腔旋律的進行，〔註33〕若字正與腔圓之間關係得宜，可創作出優秀的唱腔，處理不好就難收預期效果，甚至產生聽者誤解。

　　所謂「依字行腔」，意即先保住字調，之後再進行音樂旋律，在戲曲或歌曲演唱中，必須先聽出該字為什麼聲調。對旋律進行的自然要求，是避免倒字出現的方式，〔註34〕許多人誤解唱歌時聲調並不重要，普遍認為聲調在演唱時會被旋律模糊掉，因此並不看重。〔註35〕事實上，歌唱時，漢語歌詞相當重要，它絕不只聽其旋律，歌詞亦需讓人聽懂。漢語聲調在表義、別義，聲調不同，其意義亦不同，因此演唱者特別注重保住字的聲調，演唱時會「依字行腔」，先依字之聲調唱出之後才進行音樂之旋律。

　　除了上述關於發音例子之外，由戲曲入聲字論述依字行腔會更清晰。現今國語入聲字已消失，因此這個問題較無意義，但在中古之前，元人入主中原之地，北方話入聲字便消失。今日所見北曲元雜劇之字腔還保留北方語言特色，〔註36〕《中原音韻》原本入聲字派入四聲，但南方話入聲字仍保留，因此元曲中之南曲有所謂入聲字。但語言受政治影響是古今通例，當時政治中心在北方，統治者元人說的是北方話，之後形成官話系統，南方也學作官話，南方許多入聲字遂受忽略。明代起如曲學作家沈璟開始討論入聲字如何唱，畢竟南曲仍保留入聲，這也是至今崑曲演唱時入聲字仍舊明顯之因。〔註37〕一般人對入聲字是忽略，於是作法即先保住聲調，再進行曲調，舉一個崑曲風格譜成現代曲的〈上邪〉說明：

〔註33〕同孫從音：〈戲曲唱腔和語言的關係〉註，頁113。
〔註34〕財團法人中華民俗藝術基金會主編：《2002兩岸戲曲大展學術研討會論文集》（臺北：國立傳統藝術中心出版，2002年11月），頁625。
〔註35〕應尚能：《以字行腔》（北京：人民音樂出版社，1983年5月），頁11。應尚能所言認為唱＝聲音＋字的公式，會產生不能滿足被聽懂的要求，因為這是將注意力集中去美化聲音的效果。
〔註36〕同楊陰瀏：〈語言音樂初探〉註，頁49。
〔註37〕李惠綿：〈從音韻學角度論明代崑腔度曲論之形成與建構〉（臺北：中國文哲研究集刊第三十一期，2007年9月），頁77～78。

【譜例二-16】〈上邪〉〔註38〕

6 653 5	6 1 5 6	2 21 6·15 3 —
山 無 陵，	江 水 為 竭。	

1 65 3· 521 3· 2 5	6 653 3·21 2· 3231
冬 雷 震 震，	夏 雨 雪。

2 —	1 2 6 1	3·521 3	3 2 3 5
天	地 合，	乃	敢

6· 1231 6· 5 6 — —
與 君 絕。以下略

此處的「雪」是入聲字，「絕」亦為入聲，但「雪」曲調為〔2（·3231 2）／〕「絕」為〔6（·5｜6／——〕，光就旋律而言完全無入聲問題，但演唱「山無陵，江水為竭」時卻聽不出聲調，其因在於演唱時先將入聲字保住；「竭」之入聲字短促，在此亦保住，後面的旋律拖過去讓聽眾知道唱的是何許字，之後再去行腔，這在演唱時是一個關鍵。這也提醒，聲調在實際演唱仍具有重要地位，否則會影響聽者對於歌詞的認知與誤解。

流行歌曲或許沒有戲曲表演般嚴格對唱者依字行腔作要求，但讓聽者聽得懂、不致誤解詞意，做到字正腔圓至少能降低誤聽之機率，如白安〈是什麼讓我遇見這樣的你〉：

【譜例二-17】〈是什麼讓我遇見這樣的你〉〔註39〕

i i 7 655 4	3 3 4 2 2 —
是 什 麼 讓我遇 見 這 樣 的 你，

i i 7 655 4	3 3 4 2 2 —
是 什 麼 讓我不 再 懷 疑 自 己。（以下略）

〔註38〕 〈上邪〉為漢樂府，本版本為民族管弦樂團組曲：《王昭君·上邪》（中國：中國唱片 HL-16）。

〔註39〕 白安：《麥田捕手·是什麼讓我遇見這樣的你》（臺北：相信音樂，2012 年 12 月）。

表二-18 〈是什麼讓我遇見這樣的你〉聽覺統計調查表

測試歌詞	樣本數目	有效數目	誤　　聽	倒字比率
「懷疑自己」	120	66	「壞一子棋」、「畫一隻雞」、「換一隻雞」	55%

　　字正包含吐字、咬字方面的演唱技巧，這段樂句中「懷疑自己」四字，歌者未掌握字正原則，透過調查後發現聽者誤聽成「畫一隻雞」之比例相當高，這就是演唱者的問題，換言之，歌手唱不好便有可能產生聽錯及誤解現象。

　　當代流行歌曲產生誤聽狀況，除寫作時對平仄問題不夠敏銳外，絕大多數和「咬字」有關，屬於音調的部分反而較少，通常咬字發音不清晰又佔多數，茲舉最明顯之例，周杰倫之〈喬克叔叔〉：

【譜例二-18】〈喬克叔叔〉〔註40〕

表二-19 〈喬克叔叔〉聽覺統計調查表

測試歌詞	樣本數目	有效數目	誤　　聽	倒字比率
「吹笛」	120	38	「墜地」、「脆地」	31%
	120	62	聽不懂	51.6%

　　依字行腔可避免倒字，可由旋律高低的變化及加花裝飾兩方法運用，〔註41〕〈喬克叔叔〉聽覺調查之倒字比率僅三成，但聽不懂之比率為五成一，原因可由兩個面向分析：一為旋律高低之處理。此樂段旋律僅〔Mi〕一個音符，沒有任何高低升降，但漢字為聲調之字，平仄在此失去意義，平

〔註40〕周杰倫：《魔杰座・喬克叔叔》（臺北：索尼音樂唱片，2008年10月）。

〔註41〕陳樹林：〈歌曲演唱中的倒字與音樂教育〉，《中國音樂教育》第五期，2010年5月27日。

聲、上聲字皆落於〔3〕，倒字處處散落，甚至聽不出別義，旋律高低與字音無法吻合，聽不懂便不足為奇；一為唱者行腔中之咬字問題：周杰倫演唱之咬字一向為人詬病，本首一小節超過十個字，在必須快速唱滿高密度之歌詞，依字行腔在此便無法完成，因此演唱時，只能使用口腔前半部，嘴型並未完全張開的方式將歌詞掠過，發音、咬字便不可能清晰。周杰倫所以運用此種方式演唱，除了有意識形成獨特的演唱風格，本文認為，這是歌手演唱時，使用口腔之怠惰現象，因為歌詞密度相當高，需在極短時間完成歌詞演唱，故必須唱快，無法完整行腔。

　　一般咬字清晰須將嘴型張大以達到發音位置才能正確發音，遂無法唱得快速，如同說話字正腔圓方能咬字清晰，如此一來絕對無法講快，快速便不至清晰，此即「語急而省」，明顯的缺點在於，聽者易陷於聽不清所唱何字？〈喬克叔叔〉一曲，在長串〔Mi〕音調下填的歌詞，於咬字不清的演唱中，倒字連連。

　　另一種與聲調有關的演唱，其產生的倒字現象也值得注意，二○一四年金曲獎年度歌曲——〈山丘〉

【譜例二-19】〈山丘〉〔註42〕

| 0　　053553535 5 ‖: 5·5　0　　0·　1112 | 3　0　0　0 |
　　　　　說不定我一生涓滴　意念，　　倘若匯成　河。

| 0　　55 55 5　553 | 6　0　　06 66 5 | 53·　0　　0　555 |
　　　　　然後我倆各自　一　端，　　望著大河　彎彎，　　終於敢

| 52·　0　　0　232 | 2111　0　611 | 6　0　06 66 5 ‖
　放膽，　　嘻皮笑　臉面對，　　人生的　難。（以下略）

表二-20　〈山丘〉聽覺統計調查表

測試歌詞	樣本數目	有效數目	誤　　　聽	倒字比率
「各自一端」	120	88	「擱置一段」「各自一段」（斷）	73%

　　就實際聆聽〈山丘〉一曲，李宗盛此段並未依曲譜演唱，僅將聲調唱出，並且是刻意以這樣的唱法演唱，比如「人生的難」一句，「難」字旋律為〔6116〕，然，李宗盛加上一個聲調之音後，效果如同說話一般，雖然容

〔註42〕李宗盛：〈山丘〉（臺北：相信音樂，2013年10月）。

易聽得懂，可是忽略旋律，形成半唱半念，若按譜則不該如此唱，而且多加尾音，使之形成一個聲調。為了強調「難」字，作者使用下降音，形成去聲字，因此「人生的難」以說話語氣唱出，強調語言本身的聲調，這是歌手演唱風格的問題。〔註43〕

　　「端」字在此亦弄巧成拙，「端」〔５５３６〕原本不該唱成倒字，李將自己口音的聲調加進去，音符變得不夠正確，過度強調「端」字，不知覺唱重音，此為作者寫曲時未考慮演唱方法的結果，倘使寫得嚴謹，應將後面聲調的音寫出來。

　　論及聲調問題，李宗盛這樣的唱法可以產生「救變」，將原本可能產生倒字現象，或無法聽懂理解的歌詞，以語言聲調救起來；周杰倫的演唱風格無法達到字正腔圓觀之，其演唱令人聽錯或引起誤解之例甚多，嚴格審之，這並非好的演唱風格，依周杰倫演唱速度如此急侯，絕對無法依字行腔，歌詞語急而省將不可避免。

　　若無法依字行腔是表現不好的演唱風格，那麼依字行腔可為好的演唱方式，至於好的演唱或好的詞曲搭配，茲舉以下例子說明：

【譜例二-20】〈最後一夜〉〔註44〕

表二-21　〈最後一夜〉聽覺統計調查表

測試歌詞	樣本數目	有效數目	誤　聽	倒字比率
「醇酒」	120	63	「春酒」、「寸就」	52.5%

　　來自新加坡的詞曲創作者，林秋離、熊美玲夫妻檔，創作無數暢銷金曲，林秋離曾言：「歌詞不一定要合文法，但一定要合唱法。」〔註45〕流行歌曲合

〔註43〕尹毅：〈李宗盛的音樂創作特色──以〈給自己的歌〉為例〉，《魅力中國》2016年16期。（http://c.wanfangdata.com.cn/periodical/mlzg/2016-16.aspx），2017年6月15日檢索。該文亦指出李宗盛演唱時，有模仿人說話語調之特色。

〔註44〕蔡琴：《此情可待‧最後一夜》（臺北：飛碟唱片，1984年11月17日）。

〔註45〕葉萌：〈訪談──林秋離：我和熊美玲合作，作品必紅〉，《現代出版》（吉林：

唱法的方式與戲曲之要求相同，〈最後一夜〉開頭第一字「踩」字為〔5〕，這符合了「陽平低唱」戲曲唱法原則，加上裝飾音後，「踩」字便保住了聲調，不會聽成去聲字，這也是合唱法之演唱。另一例〈往事只能回味〉：

【譜例二-21】〈往事只能回味〉〔註46〕

表二-22　〈往事只能回味〉聽覺統計調查表

測試歌詞	樣本數目	有效數目	誤　　聽	倒字比率
「回味」	120	48	「會位」、「揮威」、「會味」	40%

　　依字行腔避免倒字之方式，亦可加花裝飾處理，如，〈往事只能回味〉中之「回味」，二字旋律〔2 i66 | 6 5 5〕中間以三連音之加花保住聲調，之後再行腔，倒字遂消除。

　　李宗盛半唱半念歌方式，能解決倒字問題，但也可能因此忽略旋律，本文考察歌曲中，發現二○一六年由臺灣獨立樂團發跡，發行《醜奴兒》創作專輯的草東沒有派對，其團演唱時，關於詞曲咬合一事頗為留意，並擅於將上聲字置於低音處，讓聽者能清楚歌詞內容，而且不忽略旋律發展，如〈大風吹〉：

【譜例二-22】〈大風吹〉〔註47〕

現代出版社，2014 年 12 月 18 日）
〔註46〕尤雅：《愛人去不回‧往事只能回味》（臺北：海山唱片，1971 年）。
〔註47〕草東沒有派對：《醜奴兒‧大風吹》（臺北：草東沒有派對獨立發行，2016 年 4 月 30）。〈大風吹〉一曲為二十八屆（二○一七）金曲獎，最佳年度歌曲。

　　〈大風吹〉爲二〇一七年，金曲獎最佳年度歌曲，評審予其獲獎理由：「不但音樂豐富而完整，草東沒有派對更以極具時代感的音樂呈現，展現貼近新世代的情懷，是極句生命力，又具時代意義的作品。」〔註48〕時代性爲其獲獎主要原因，並未提及詞、曲、唱之表現。本節以倒字解決方法爲主題，談的是如何藉由詞曲創作及歌手演唱技巧，避免倒字現象，若以詞、曲關係論，〈大風吹〉一曲做到詞、曲咬合，避免倒字的創作技巧。譜例「我們」與「早就」，作者將易唱成倒字之上聲字「我」、「早」譜於低音〔6〕，「就」去聲譜於〔1〕，「屑」則譜於最高音〔5〕，一段樂句避開所有可能的倒字，聽者誤聽機率降低。樂評人馬世芳以《醜奴兒》專輯之演唱，將該團評爲「著意詞曲咬合」之樂團，〔註49〕顯見草東於歌曲創作時，對詞曲關係之講究。

　　戲曲唱腔嚴格按漢字四聲聲調進行創作，兩者結合相當自然且必要，它不僅對於掌握及提昇戲曲創腔技能有利，對於創作其他形式的現代音樂作品亦有助益，對流行歌曲而言能發揮古爲今用的作用。〔註50〕

第三節　常引致倒字現象之字

　　流行歌曲因詞曲配合未盡理想，常於關鍵處，因某字引致聽者對歌詞之誤解，演唱者如能處理得宜，通常可迴避倒字現象。本文觀察歷程，某些字無論由詞曲創作或演唱風格，引致倒字情況比率甚高，尤以上聲字情況最爲顯著，幾個特別容易形成誤聽之字，往往背離創作者之原意。本節歸納出「小」、「美」、「等」、「九」四個常引致倒字之字，說明其易誤解之因，探討方式爲例證羅列、分析差異，最後總合結論，以下茲分別論述之。

〔註48〕　參閱 You Tube TW：第 28 屆金曲獎星光大道&頒獎典禮 LIVE 直播，2017 年 6 月 25 日。（https://www.youtube.com/watch?v=h1mqBufsZ6M），2017 年 6 月 25 日檢索。

〔註49〕　馬世芳：〈「魯蛇世代」的虛無與憤怒——我聽「草東沒有派對」〉收錄於（臺北：小日子，2016 年 5 月）四十九期。（http://www.oneday.com.tw/），2017 年 5 月 11 日檢索。馬世芳認爲草東是一個講究聲律及咬字的樂團，評論其歌詞大多能讓人聽得懂，卻沒有忽略旋律，在年輕創作人不注重咬合的當代，給予該團講究詞曲咬合演唱方式的高度評價。

〔註50〕　同孫從音：〈戲曲唱腔和語言的關係〉，頁 102～103。

（一）「小」字

　　「小」，於《中華新韻》韻目十三豪，為上聲字，〔註51〕就實際演唱觀察，「小」字多會聽成去聲或陰平之聲調，如上述〈蘭花草〉「種在小園中」之「小」字，因倒字現象會聽成「校園」，意思便有差異。以下羅列兩個七○年代臺灣玉女偶像鼻祖江玲、沈雁之暢銷曲〈我的小妹〉與〈踏浪〉譜例說明：

【譜例二-23】〈我的小妹〉〔註52〕

```
3·  0   3  05 | 6i 65 | 6   0 | 3·      0 |
小       妹   呀 伊呀小   妹，    真

3   05 | 1 6 1 3 | 2   0 | 3·     0 | 3  05 |
水      呀 伊呀真   水，    一          雙   呀

6 7 | 7 | 6   0 | 2   03 | 1   76 | 5 6 7 5 |
大 眼  睛，   彎      彎  的呀 柳   葉

6  0 | 6   3 5 | 6  6 55 | 3  3 22 | 1   1 |
眉。   小  小   妹 妹那個 妹 妹那個 妹   妹；
```

表二-23　〈我的小妹〉聽覺統計調查表

測試歌詞	樣本數目	有效數目	誤　　聽	倒字比率
「小妹」	120	109	「笑媚」、「消滅」	90.8%

【譜例二-24】〈踏浪〉〔註53〕

```
6  6 1 2  3 4 3 | 2   | 6  6 1 2  3 4 3 | -   |
小 小的一 片雲   呀，   慢 慢的走 過 來。

6  6 1 2  3 4 3 | 2   | 3 1 2 1  7 6 | -   ‖
請 你嘛歌 歌腳   呀   暫 時 停 下 來。（以下略）
```

〔註51〕同《中華新韻》註，頁38。
〔註52〕江玲：《我的小妹‧我的小妹》（臺北：歌林唱片，1980年6月30日）。
〔註53〕沈雁：《我踏浪而來‧踏浪》（臺北：歌林唱片，1979年12月15日）。

表二-24　〈踏浪〉聽覺統計調查表

測試歌詞	樣本數目	有效數目	誤　　聽	倒字比率
「小小」	120	74	「笑笑」、「瀟瀟」	61.6%

　　〈我的小妹〉中，「小小妹妹」於調查表聽成「笑笑妹妹」之比率超過六成，爲明顯倒字，尤其第一個「小」字落在高音形成去聲，雖然第二個「小」字唱〔３５〕相連，貼合上聲聲調，但演唱者將之唱得短促，受到第一字強拍影響，疊字連累而及，在聽覺慣性中選擇去聲，「小小」因而成爲「笑笑」，爲本聽覺調查比率最高之歌曲；〈踏浪〉之「小」字更短促，唱成去聲自然容易形成倒字。「小」字因歌者唱得短促而致之倒字現象，實爲普遍。

　　戲曲唱腔對於上聲字會採取高唱手法，除了能讓上聲字唱成上滑音外，最主要仍在避免倒字，〔註54〕流行歌曲往往不察，經常將「小」字譜於下行音階，如九○年代趙傳的〈我是一隻小小鳥〉，八○年代另一位玉女偶像歌手金瑞瑤的〈歲月的眼睛〉：

【譜例二-25】〈我是隻小小鳥〉〔註55〕

```
| 5 5   5 5 5   5 5 5   5 5   5 3 | 3      -      -      0  3 4 |
  我 是  一 隻 小    小     小   小   鳥，                   想 要

| 5   5 5 0·   5 5 5 5 5 5   1 2 | 2 7 6 5 5    -      0· 5 ‖
  飛   呀 飛    卻 飛 也 飛 不 高。（以下略）
```

表二-25　〈我是隻小小鳥〉聽覺統計調查表

測試歌詞	樣本數目	有效數目	誤　　聽	倒字比率
「小小鳥」	120	58	「笑笑鳥」、「哮哮鳥」	48.3%

【譜例二-26】〈歲月的眼睛〉〔註56〕

```
| 1   -   0 5 3 2 | 1   -   0 1 2 1 6 | 5   -   0 1 3 4 |
  在 家 時 候，        在 小 時 候，         月 兒 默
```

<hr />

〔註54〕同孫從音：〈戲曲唱腔和語言的關係〉註，頁107。
〔註55〕趙傳：《我是隻小小鳥·我是隻小小鳥》（臺北：滾石唱片，1990年8月）。
〔註56〕金瑞瑤：《似曾相識·歲月的眼睛》（臺北：歌林唱片，1981年5月）。

| 3 | — | — | 3 2 1 | 2 | — | 0 5 3 2 ‖ |

歌　　　　　　看 著 我，（以下略）

表二-26　〈歲月的眼睛〉聽覺統計調查表

測試歌詞	樣本數目	有效數目	誤　　　聽	倒字比率
「在小時候」	120	71	「在校時候」、「在笑時候」	59.1%

　　〈我是一隻小小鳥〉為李宗盛詞曲創作，其歌曲特色為同音重複，〔註57〕如本曲同音重複〔Sol〕音連用十一個，在旋律未變動下，字調若不相合，倒字不免引致。連用十一個〔Sol〕後面接〔Mi〕，下行音階使得小字成為去聲，倒字形成。〈歲月的眼睛〉問題在於譜曲，「在小時候」旋律為〔0 1 2 1 6 ｜ 5 —〕，〔2 1 6〕下行音階易有誤聽之情況，加上唱重音之結果，引致倒字。

　　然，小字誤聽為去聲之例雖不勝枚舉，但形成之因仍有差異，上述分別為歌者於上聲字時重唱，或因下行音階所導致誤聽為去聲字，除聽成去聲字外，聽成陰平聲之狀況亦不少，且各年代均有例證，茲舉七〇年代與二〇一四年兩首例子論之：

【譜例二-27】〈小雨打在我的身上〉〔註58〕

| 3 | 5 | 5 | — | 5 6 1 6 | 2 | 6 | 5 | — | 5 | — | 2 | 6 | 6 7 |

小 雨　　　　打在我的 身　　　上，　雨　　　　水 洗 去

| 1 | 2 | 2 2 3 | 3 | — | 3 | — ‖ |

憂　　　傷。（以下略）

表二-27　〈小雨打在我的身上〉聽覺統計調查表

測試歌詞	樣本數目	有效數目	誤　　　聽	倒字比率
「小雨」	120	81	「笑語」、「消雨」、「瀟雨」	67.5%

〔註57〕尹毅：〈李宗盛的音樂創作特色——以〈給自己的歌〉為例〉，《魅力中國》2016年 16 期。（http://c.wanfangdata.com.cn/periodical/mlzg/2016-16.aspx），2017 年 6 月 16 日檢索。

〔註58〕劉文正：《小雨打在我的身上‧小雨打在我的身上》（臺北：歌林唱片，1978年）。

【譜例二-28】〈小蘋果〉〔註59〕

i̇ 3̇ 1̇ 2̇ 6	3̇ 3̇2̇1̇2̇6 －	3̇ 1̇ 2̇ 2̇
你 是 我 的 小呀小蘋果兒， 怎 麼 愛 你

5̇ 3̇ 7 1̇	1̇ 7 6	7̇ 1̇ 2̇ 5	6̇ 5̇ 3̇ 3̇ 3̇2̇
都 不 嫌 多， 紅紅 的 小 臉 兒溫 暖 我 的 心 窩， 點

1̇ 2̇ 3̇ 2̇ 3̇ 2̇ 5̇	5 ‖
亮 我 生 命 的 火， 火火火火火。（以下略）

表二-28　〈小蘋果〉聽覺統計調查表

測試歌詞	樣本數目	有效數目	誤　　聽	倒字比率
「小呀小蘋果」	120	45 當時正紅	「削呀削蘋果」、「笑啊笑瓶口」	37.5%

　　上聲字之聲調為四聲聲調中最低，但時間卻最長，〔註60〕上聲字於下行音階亦聽成陰平聲，〈小雨打在我的身上〉與〈小蘋果〉兩首之「小」字均聽為陰平聲調，「小雨」成「消雨」、「小啊小蘋果」成「削啊削蘋果」，聽者誤聽陰平之情況由聽覺調查亦有所見。差距三十年之歌曲，倒字形成之因相同，而流行歌曲之倒字情形，存在於各時期之例繁多，無論下行音階、歌手重唱皆為其因。不過，有個現象需作說明，本章於總論論及某些歌詞雖為倒字，但其構詞的熟悉度高，儘管聽成去聲，聽者仍不易將它聽為別的詞，如〈鄉間小路〉一例：

【譜例二-29】〈鄉間小路〉〔註61〕

3· 3 3 6 6	1 6̇ 5̇ 6 －
走 在鄉 間 的 小 路 上，

6 6 6 6 6 1	2 2̇ 3 2 － ‖
暮 歸的老 牛 是 我 同 伴。（以下略）

〔註59〕筷子兄弟：《小蘋果‧小蘋果》（臺北：滾石移動唱片，2014年11月）。
〔註60〕劉琢瑜：《怎樣唱好戲》（臺北：威秀出版社，2004年6月1日），頁39。
〔註61〕葉佳修：《葉佳修‧鄉間小路》（臺北：海山唱片，1979年6月）。

表二-29　　〈鄉間小路〉聽覺統計調查表

測試歌詞	樣本數目	有效數目	誤　　聽	倒字比率
「小路」	120	37	「銷路」、「酵乳」	30.8%

　　「小」在此為下行音階而產生之倒字，但「小路」成詞、聽覺習慣亦為熟悉之構詞，倒字問題降低，僅三成聽錯，二-4〈中國新娘〉之「中國」亦為同樣情況。

　　（二）「美」字

　　「美」，於《中華新韻》韻目八微，為上聲字，[註62] 美字之倒字情形亦司空見慣，它在歌詞創作上使用頻繁，且出現於各個年代，如四〇年代末之〈高山青〉（鄧禹平／張徹／張茜西／萬國唱片／一九四七）「阿里山的姑娘，美如水呀。」〔 6 6 6 5 3 3 ｜ 3 2 3 1 6 ｜ 〕便為一例，此乃上聲字位於高音處必定會唱成去聲，二〇〇九年蕭敬騰〈王妃〉一曲亦是：

【譜例二-30】〈王妃〉〔註63〕

| 0 0 3 5 | 6 - 3562 | 2 1 1 3562 | 2 1 1 5 5 1 3 ‖
夜 太 美， 儘管再危 險， 總有人黑 著眼眶熬著 夜。

表二-30　　〈王妃〉聽覺統計調查表

測試歌詞	樣本數目	有效數目	誤　　聽	倒字比率
「夜太美」	120	44	「野太妹」、「野臺妹」、「夜，太媚」	36.6%

　　本曲倒字比率僅三成六，為二〇〇九年暢銷曲，聽過此曲之人數較多，但倒字情形亦有討論之處。調查表所示，「美」字於高音處聽成「夜太魅」，似乎不太引起誤解，但本文所做聽覺調查統計，聽成「野臺妹」、「野太妹」之比例亦佔三成，與「夜太美」或「夜太魅」之意相去甚遠。

　　「美」字經常出現於重音上，假使唱者將音唱重或唱高，形成去聲字亦理所當然。〈高山青〉的「美」字幾乎皆在強拍出現，「美」依然聽成去聲。雖說美字於演唱時易唱成去聲，歌手又加重聲調，倒字情形勢必出現，若歌者輕唱或許能避開倒字，但曲譜於高音處，將無法救變，如黃品源〈小薇〉：

〔註62〕同《中華新韻》註，頁26。
〔註63〕蕭敬騰：《JAM 王妃‧王妃》（臺北：華納唱片，2009 年 7 月 17 日）。

【譜例二-31】〈小薇〉〔註64〕

```
| 0    0    0   5 1 | 3  -    0   23 2 | 1 611    0   6623 |
          有 一  個      美麗的 小 女孩,        她的名

| 2   -    0116 | 2  -    0   5 1 | 3  -    0   52 1 |
  字        叫做小 薇。        她 有 雙        溫柔的
```

表二-31 〈小薇〉聽覺統計調查表

測試歌詞	樣本數目	有效數目	誤　　聽	倒字比率
「美麗的」	120	53	「媚力的」	44.6%

　　〈小薇〉主唱為黃品源,就演唱特色觀察,發覺其演唱慣於加重歌詞語氣,如成名曲〈你怎麼捨得我難過〉(詞、曲、唱皆黃品源／滾石唱片／一九九○),一字「我」字,仄聲不斷。〈小薇〉之「美麗的」一句,歌手唱得短,理當可避免倒字,然,譜在高音便無法將之唱輕,歌手慣於加重語氣,仍唱成倒字。

　　雖說詞曲兩者配合得宜能避免倒字,從另一個角度觀察,詞人若能判斷歌手演唱的語氣,瞭解其抑揚頓挫的運用能力,〔註65〕亦可降低因歌手慣用語氣所引致之倒字。一般演唱高音時,經常使力高唱,以達情感之到位,但高唱之下,曲子如為最高音,不易輕唱,倒字無可倖免。再如九○至二○○○年之〈姊妹〉、〈把悲傷留給自己〉兩首譜例,亦為歌手將美字唱重之情形:

【譜例二-32】〈姊妹〉〔註66〕

```
| 02   222   3 | 02   2377 2 | 1  -  -   03 | 2 2   1   322 11 ‖
  夏 天日頭 炎,  綠 野在燃燒,           你 讓世 界 更美 好。
```

表二-32 〈姊妹〉聽覺統計調查表

測試歌詞	樣本數目	有效數目	誤　　聽	倒字比率
「美好」	120	17	「媚好」、「沒好」、「妹好」	14.1%

〔註64〕黃品源:《2002 簡單情歌‧小薇》(臺北:滾石唱片,2002 年 11 月)。
〔註65〕楊偉成:〈文字的勝負——寫出一塊思想形狀　馬世芳 X 馬莎〉,《Shopping Design》(臺北:巨思文化股份有限公司,2016 年 2 月 5 日)87 期,頁 41。該文以香港詞人林夕為例,由於林夕對歌手王菲與陳奕迅的偏心與喜愛,為兩人填詞時,能掌握歌手語氣,是個會替歌手判斷其抑揚頓挫之理想詞人。
〔註66〕張惠妹《姊妹‧姊妹》(臺北:豐華唱片,1996 年 12 月)。

【譜例二-33】〈把悲傷留給自己〉〔註67〕

| 0 5̲1̲2̲5̲5̲1̲2̲ 1̇ 1̇ 1̇ | 2̇ 2̇· 2̇ 2̇1̇ | 2̇3̇· 3̇ | 3̇3̇ | 2̇2̇ | 1̇2̇1̇6̲1 ||
把我的 悲傷　　　留給 自己，　　　妳的 美麗 讓妳 帶走。

表二-33　〈把悲傷留給自己〉聽覺統計調查表

測試歌詞	樣本數目	有效數目	誤　　　聽	倒字比率
「美麗」	120	67	「媚力」、「魅力」	55.8%

　　兩首均為當時暢銷歌曲，「美」字皆譜於高音處，雖說〈姊妹〉的「美好」有下行音階可救回上聲字成為去聲，但唱者將「美」字唱重後，〔Do〕音並未明顯救變，倒字仍舊，此為演唱風格形成之倒字；〈把悲傷留給自己〉「美麗」聽成「魅力」，為普遍的現象，不過〈姊妹〉調查比率偏低乃因耳熟能詳之歌曲，有效數目不足。

（三）「等」字

　　「等」字為另一個歌曲中常誤聽之上聲字，特別是歌者為強調而唱重拍後最為顯著，茲舉六〇至二〇〇一年間之作品說明：

【譜例二-34】〈你知道我在等你嗎〉〔註68〕

| 0 0 0 0·5̲ | 3̲3̲3̲3̲2̲3̲5̲ 3̇ 3̇·5̲ | 2̲2̲2̲1̲1̲7̲3̲ 6 6·6 |
妳 知道我在等妳嗎？　　　妳 如果真的在乎我，　　　又

| 4̲4̲4̲3̲4̲· 4̲4̲3̲4̲ 6̲ 1̇ | 2̇ － | 0·5̲ | 3̲3̲3̲3̲2̲3̲5̲ 3̇ 3̇·5̲ |
怎會讓無盡 的夜 陪我 度 過。　　　妳 知道我在等妳嗎？　　妳

| 2̲2̲2̲1̲1̲7̲3̲ 6 6·6 | 4̲4̲4̲3̲4̲· 4̲1̲3̲4̲ 6̲ 1̇ | 2̇ 3̲2̲2̲ － － ||
如果真的在乎我，　　又怎會讓握花 的手在風中 顫 抖。（以下略）

表二-34　〈你知道我在等你嗎〉聽覺統計調查表

測試歌詞	樣本數目	有效數目	誤　　　聽	倒字比率
「等你」	120	61	「瞪你」、「燈謎」	55.8%

〔註67〕陳昇：《私奔·把悲傷留給自己》（臺北：滾石唱片，1991年8月）。
〔註68〕張洪量：《美麗新世界·你知道我在等你嗎？》（臺北：滾石唱片，1989年）。

【譜例二-35】〈我等著你回來〉〔註69〕

表二-35　〈我等著你回來〉聽覺統計調查表

測試歌詞	樣本數目	有效數目	誤　　聽	倒字比率
「等著你」	120	67	「瞪著你」	58.3%

【譜例二-36】〈橘子紅了〉〔註70〕

表二-36　〈橘子紅了〉聽覺統計調查表

測試歌詞	樣本數目	有效數目	誤　　聽	倒字比率
「這等啊」	120	62	「這燈啊」、「遮燈啊」、「這凳啊」	51.6%

　　〈你知道我在等你嗎〉由歌譜觀之，不至於唱成倒字，〔2̣ 3̣〕並非下行音階，並不至於造成去聲，然唱者在此未按譜演唱，僅唱〔2̣〕音，並以重拍強調語氣，「等」倒成「瞪」音，「等你」成了「瞪你」，意義甚遠；〈我等著你回來〉、〈橘子紅了〉「等」字聽成去聲，皆爲下降音階之關係。

　　趙元任《語言問題》漢語聲調調值觀之，上聲字爲降升調，若上聲字僅

〔註69〕白光：《白光之歌‧我等著你回來》（臺北：大金門唱片，1968年1月）。
〔註70〕黃磊：《等等等等‧橘子紅了》（臺北：豐華唱片，2001年3月）。

有降（下行音層）而無升調拉回，多半聽成高平或全降調，若上聲字又置於高音處並重唱，倒字無可避免，如八○至九○年代之黃鶯鶯〈哭砂〉、陳淑樺〈問〉與鄧麗君〈你怎麼說〉三例：

【譜例二-37】〈哭砂〉〔註71〕

```
| 35132  52 | 136 617  - | 61165  5·6 | 1·33 - - |
  風吹來的砂，落在  悲傷的眼裡，    誰都看出我 在  等你。

| 35132  55 | 6·  322·  3 | 2·22232  1 | 2 - - - ‖
  風吹來的砂，堆積在  心裡，  是 誰 也擦不去的 痕 跡。（以下略）
```

表二-37　〈哭砂〉聽覺統計調查表

測試歌詞	樣本數目	有效數目	誤　　聽	倒字比率
「等你」	120	54	「瞪你」、「燈謎」	45%

【譜例二-38】〈問〉〔註72〕

```
| ·7 - -  17 | 6  3  235 32 | 2  3  2356 |
  動？    如果女 人 總是等到 夜 深， 無悔付出

| 2  2  2  3  5 32 | 3   32123· |   23 ‖
  青 春， 她 就 會 對你真。（以下略）
```

表二-38　〈問〉聽覺統計調查表

測試歌詞	樣本數目	有效數目	誤　　聽	倒字比率
「等到」	120	66	「燈倒」、「瞪到」、「燈到」	55%

【譜例二-39】〈你怎麼說〉〔註73〕

```
| 1·  2 3  35 | 3216 5  - | 1123 | 3532 3 5  - | 5  56 ‖
  你 說 過 兩天來 看 我， 一等就是 一 年 多。（以下略）
```

〔註71〕黃鶯鶯：《讓愛自由‧哭砂》（臺北：飛碟唱片，1990 年 7 月）。
〔註72〕陳淑樺：《愛的進行式‧問》（臺北：滾石唱片，1993 年 2 月）。
〔註73〕鄧麗君：《豔紅小曲‧你怎麼說》（臺北：歌林唱片，1980 年 1 月 31 日）。

表二-39　〈你怎麼說〉聽覺統計調查表

測試歌詞	樣本數目	有效數目	誤　　聽	倒字比率
「一等就是」	120	71	「一燈就試」、「椅蹬舊式」、「乙等就試」	59.1%

　　〈哭砂〉之「等」為上聲字，雖非下行音階，但位於高音〔Do〕，歌者唱得短促，形成去聲後仍將字唱倒；〈你怎麼說〉位高音處，重唱勢必成去聲；〈問〉一曲同樣高音重唱，易聽成高平調或全降調。

　　以上之例雖僅寥落之舉，就本文探究，譜曲寫於高音處，上聲低唱之原則便無法處理高音重唱效果，演唱之情感無法到位，多半唱者均會重唱以展演情感（緒）之表達，如此倒字將隨之而來。

（四）「九」字

　　「九」字同為上聲，其引致倒字現象之因如上述「小」、「美」、「等」字相同，茲舉九○、二○○二年之例說明：

【譜例二-40】〈九佰九十九朵玫瑰〉〔註74〕

表二-40　〈九佰九十九朵玫瑰〉聽覺統計調查表

測試歌詞	樣本數目	有效數目	誤　　聽	倒字比率
「九佰九十九」	120	69	「就擺就是舊」、「救吧救死救」、「舅爸就是舅」	57.5%

【譜例二-41】〈你的背包〉〔註75〕

〔註74〕邰正宵：《找一個字代替・九佰九十九朵玫瑰》（臺北：福茂唱片，1993 年 11月）。

〔註75〕陳奕迅：《special thanks to…・你的背包》（臺北：艾迴唱片，2002 年 4 月）。

表二-41　〈你的背包〉聽覺統計調查表

測試歌詞	樣本數目	有效數目	誤聽	倒字比率
「一九九五年」	120	61	「依舊救我捏」、「衣舊舊五年」、「你救救我臉」	50.8%

　　〈九百九十九朵玫瑰〉第一個「九」唱者依譜而唱並沒有問題，聽者仍可辨識上聲音，第二個「九」唱者加上一個極短之裝飾音，造成明顯去聲，第三個「九」字則唱得短促聽成高平調。〈你的背包〉狀況亦是唱者將「九九」唱得短促唱成高平調之音。

　　上述例子中，幾乎可以肯定兩個上聲字引致倒字現象之因，一為下行音階所引致、一為譜於高音處唱者重唱，然，偶爾亦有不譜於高音處，但歌手演唱時卻加重音，造成聽者不明其意，如齊豫〈九月的高跟鞋〉：

【譜例二-42】〈九月的高跟鞋〉

表二-42　〈九月的高跟鞋〉聽覺統計調查表

測試歌詞	樣本數目	有效數目	誤聽	倒字比率
「九月」	120	69	「就業」、「舊約」、「就約」	57.5%

　　「九」字雖是上聲字，兩字音符〔1 1〕為該樂句最低音，如依譜而唱應不會引致倒字，然，唱者在此重唱後，「九月」一詞於聽覺調查出現無法辨音或聽成「舊約」之結果，此例明顯為演唱風格產生之現象。本文因此提出一個看法，不良的加重音、加腔將妨礙語言之正確表達，招致誤聽或聽者難以聽懂的結果。

　　另，研究進行之調查，〈九月〉亦有四成聽者誤聽成「舊約」一詞，本文由詞語結構說明，分別就王菲〈浮躁〉、施孝榮〈拜訪春天〉探討：

【譜例二-43】〈浮躁〉〔註76〕

| 5 32 i 2 | 2 － － － | i 3 i 6 i | i － － － |
| 九 月 裡， | | 平 淡 無 聊， | |

| 5 32 i 2 | 2 － － － | i 3 i 6 i | i － － － ‖
| 一 切 都 好， | | 只 缺 煩 惱。(以下略) | |

表二-43　　〈浮躁〉聽覺統計調查表

測試歌詞	樣本數目	有效數目	誤　　聽	倒字比率
「九月裡」	120	81	「舊約裡」、「就約你」、「揪月裡」	67.5%

【譜例二-44】〈拜訪春天〉〔註77〕

3 3̇2̇3̇ 3̇2̇	i̇ i̇ 6 5 3	5 5 5 3 5 i̇ 5	6 6 5 6
那 年我們 來到 小小的山巔。		有雨細細濃 濃的 山　巔。	
今 年我又 來到 你 門 前。		你 只是用 柔柔 烏黑 的眼。	

表二-44　　〈拜訪春天〉聽覺統計調查表

測試歌詞	樣本數目	有效數目	誤　　聽	倒字比率
「山巔」	120	79	「山店」、「商店」、「閃電」	65.8%

　　倒字產生誤聽雖然普遍，因誤聽而產生誤解之情形，需在構詞上有所條件方能成立，構詞形成須包含「成詞與否」、「合乎習慣」、「熟悉度高」之要素。〈浮躁〉之「九」字為倒字，調查時聽者將「九月」聽為「舊約」，依上述三要素，「舊約」為一個成詞，不過並不合於多數人習慣與熟悉度之構詞，有西洋宗教經驗之人，此處誤聽成「舊約」，可理解其來自宗教經驗，對其他人，舊約這句構詞並不一定存在，因此「九月」聽成「舊約」須考慮一般聽眾之習慣與熟悉之經驗。

　　關於構詞之例，施孝榮〈拜訪春天〉的「山巔」，於聽覺調查聽成「閃電」比例最高，亦有聽者聽成「山店」之結果。「巔」字在此短促收束，易聽成去聲字，聽眾的經驗不易聯想「山巔」一詞，特別是流行歌曲有用字淺顯易懂之通則。就詞語結構，「山巔」非習慣用詞，聽眾難以聽懂是必然現象；然，

〔註76〕王菲：《浮躁‧浮躁》（臺北：福茂唱片，1996年）。
〔註77〕施孝榮：《施孝榮專輯‧拜訪春天》（臺北：新格唱片，1981年）。

山「巔」聽成山「店」，兩字聲調差距過遠爲明顯倒字，只是「山店」並不成詞，此種情形就倒字而言更爲嚴重。

嚴重之因，乃「山巔」並不慣用卻成詞，如同「舊約」之例。又，爲何不會聽成熟悉之「山巔」，而聽成不成詞之「山店」？如前述〈蘭花草〉之例，「小園」倒音爲「校園」，這是大衆熟悉之詞，〈拜訪春天〉弔詭之處，在於聽衆會聽成習慣之詞，而其本身又不大成詞，日常亦不大使用，儘管腦中能迅速反應，將「山店」譯爲「山中的小店」，此亦非慣用詞彙，相較於「山店」，「山巔」反倒爲常用之詞，本文認爲，這表示「巔」所唱之聲調讓聽衆的印象過於強化及深刻所致。

作者爲何如此創作，與「那年我們來到小小的山巔，有雨細細濃濃的山巔」這兩句旋律成「模進」關係有關，就兩句旋律結構確實如此，歌詞亦照模進方式創作，因此忽略歌詞問題。簡言之，「山巔」於寫作上太過強化，強壓過一般人對語言構成的印象，這是詞曲創作人可以彼此配合解決的問題，不論加裝飾音、就字換腔或依字行腔皆能將倒字扶正，端看詞曲創作人能否在這點認知上互相謙讓。

下行音階、詞曲創作及演唱風格均爲引致倒字之因，而常引致倒字現象之字，本文舉出「小」、「美」、「等」、「九」字，皆爲上聲字，其他例證中亦發現上聲字最易引致倒字，其次爲去聲及陰平聲調。分析原因有二：一是將上聲字塡在高音處，一爲置於節奏重音上，如每小節之第一拍，重音本就易成倒字，又唱者通常遇節奏重音必重唱以表達情感之濃厚，倒字無處迴避後聽者亦聽錯誤解。

第四節　倒字解決方法

戲曲爲避免倒字，大致使用救變之方式，如：加裝飾音、換字就腔等，流行歌曲倒字解決方式亦可就戲曲理論操作下解決，雖說倒字現象不見得均可救變，透過加花、換字、音調輕重、速度快慢、更動節奏急緩皆能將字導正，若不改譜就以演唱方法解決。本節延續上一節之論述，提出倒字現象解決方法，茲分成更動詞曲及演唱風格兩個層面分述。

一、更動詞曲

更動詞曲是讓兩者盡量相合的處理方法，經由改譜、加裝飾音、換字就

腔、減音將詞曲救變，如，譜例二-8〈不想你也難〉之「你還想我嗎」，即可將原譜〔3 65 532〕，改寫成〔3 65 566〕，原本「想」因下行音階唱成「像」之去聲字便可解決，但改譜之後歌曲可能變得不動聽，因此詞曲創作者於創作時，應盡量避免互不相讓之情形，才能聽起來順暢不彆扭。再如譜例二-9〈夜來香〉裡的「思量」下行音階引致聽為「四兩」，可如此更動：〔6·i 2 3 2 6｜i - - -｜〕→〔6·i 2 3 2 i｜i - - -｜〕，「思」〔2 6〕更動〔2 i〕，倒字救變。

　　下行音階引致之倒字多半可靠改譜處理，有些詞曲創作者與歌手對聲調敏感，創作或演唱時，會逕先處理因下行音階所引致之倒字現象，這必須自覺性高方能事先避免，如梁靜茹〈寧夏〉：

【譜例二-45】〈寧夏〉〔註78〕

　　第一句「知了」由〔3〕下滑至〔5〕，「知」字為入聲字，詞曲已不相合，「知了」會唱成「治療」，此為下行音階之問題。「知了」兩字接下行音階，歌手演唱時快速滑下去，〔3〕到〔6〕之音距離長，音程大跳，若是節奏既快且密，立即由〔3〕到〔6〕，一定唱成下滑音；倘若距離近，如二度音程，亦容易產生下滑音。事實上，歌手選擇如此唱的原因只有一個——為求悅耳。

　　「睡」字於樂句中，以「上高平、低平調」之規則進行，「睡」字在〔2〕之後下滑音至〔5〕，剛好成去聲調，否則「睡」字在此會出現倒字，作者留意聲調上高平、低平調的處理，是高明的方式，也救了這個字；後面的「知了」，歌手將之軟唱，並留意下滑音，意外救了其中一個「知」字。本文所以認為是意外，乃因整首歌「知」字唱倒比救變次數高，意味歌手多半仍為求悅耳選擇下滑音之唱法，無法證明演唱者之救變來自於意識的興起。

　　譜例二-11〈在水一方〉亦是下行音「佳人」〔7(6)5·5｜35(5)3〕，將原譜〔7(6)5〕連唱成仄聲之譜改成〔7 - -｜53·3 -〕，

〔註78〕梁靜茹：《燕尾蝶·寧夏》（臺北：滾石唱片，2004年9月）。

原〔6 5〕之連音減去即能救變。減音爲更動曲譜方法之一，有時譜曲者爲了順耳，多了幾個音，配上字調後卻引致倒字，若減音可將字唱正。如，譜例 2-24〈歲月的眼睛〉解決方式僅將〔2 1 6〕中之〔1〕音刪除、歌者輕唱後問題可解。另一救變方式爲挪動音符，如，郭靜〈下一個天亮〉：

【譜例二-46】〈下一個天亮〉〔註 79〕

此處〔4 3〕「憐惜」聽成「練習」，明顯倒字，若將「惜」字往後至第二個〔3〕，歌者若唱〔4 3 3〕，倒字即可消失。

更動詞曲中「換字就腔」亦爲救變方式之一，譜例二-12〈故鄉的雲〉「歸來吧」（倒音成「鬼來吧」），「歸」換成「回」字，可將「歸」由「鬼」字扶正。

二、演唱風格救變

戲曲演唱時講究咬字，除使聽者明白字音，發聲與咬字正確會形成不同的演唱風格，戲曲強調歌詞對旋律進行的重要性，因此避免倒字爲唱腔特色之一。〔註 80〕流行歌曲演唱時，字正與腔圓處理得宜，能創作出優秀唱腔，表達更多聲情韻味。如此大量的流行歌曲，因演唱風格形成之倒字實爲常態，與戲曲唱腔強調避免倒字之要求不同，不過，戲曲並非絕對禁止倒字，有時爲了音樂形象完整，亦允許倒字，但並不多見，戲曲演唱仍竭盡使字正與腔圓間的衝突降至最低。

優秀歌手演唱時，對詞曲關係之和諧有相當敏銳度時，即使詞曲作者無法意識，歌手能在不影響音樂形象之餘，更動原譜救回一些字。李時銘先生《詩歌與音樂論稿》以〈高山青〉「美」字唱倒之例，舉出「美」字於歌曲用量頗多，經常誤聽「媚」之類的去聲字。然而，這樣的倒字現象可藉由演唱

〔註 79〕郭靜：《下一個天亮・下一個天亮》（臺北：福茂唱片，2008 年 5 月）。
〔註 80〕同孫從音：〈戲曲唱腔和語言的關係〉，頁 169。

方式救變，如〈高山青〉多加一個音補救，〔註 81〕「美」唱成了上聲字調，即是救變方式。〈高山青〉之「美」字譜在高音容易唱重無法避免，但流行歌曲加重音唱法之歌手不少，黃品源、伍佰皆為代表，這是歌手演唱風格形式，不過有時為顧及音樂形象之完整，歌手運用「換腔就字」，則是不得不之倒字情況，如，伍佰〈再度重相逢〉：

【譜例二-47】〈再度重相逢〉〔註82〕

```
| 0  0  5613 | 5  333   0 | 0  0  6765 | 3  333   0 |
     你說人生 如  夢，         我說人生 如  秀。

| 0  0  5331 | 6  666   0 | 0  0  2321 | 5  555   0 ‖
     那有什麼 不  同，         不都一樣 朦  朧。（以下略）
```

據一篇訪問報導，伍佰創作時，會先想像歌曲於舞臺上的效果，現場唱，會是怎樣？〔註83〕因此，相當重視某些平衡作用。〈再度重相逢〉一曲，伍佰詮釋時，刻意唱成強拍後，將「如」字唱倒，不過仔細分析，所以重唱有個特別原因：伍佰以「對稱」唱法將「如夢」〔5 3 3 3〕、「如秀」〔6 3 3 3〕、「不同」〔2 3 3 2〕、「朦朧」〔1 2 2 2〕四句平衡演唱，為達對稱平衡，「如」、「朦」二字便引致倒字，其實若是唱腔上不那麼用力，倒字不至出現。這說明了倒字不是絕對禁止，此處重唱是為了音樂之對稱形象，即便倒字亦不影響韻味。

優秀的唱者有依字行腔的基本概念，依字行腔乃先按照字的字調唱後再去進行音樂曲調，茲舉童安格與蔡琴同一個譜例，不同唱法比較：

【譜例二-48】〈其實你不懂我的心〉〔註84〕

```
| 1  0  05 | 1  -  25 | 3  -  06 | 1·  265 |
     你說    我像雲，     捉摸    不
```

〔註81〕同李時銘：〈論詩歌與音樂之共性——從遺言音節出發的考察〉，頁 17～18。
〔註82〕伍佰：《淚橋‧再度重相逢》（臺北：愛貝克思唱片，2003 年 12 月）。
〔註83〕馬世芳：〈伍佰的臺語搖滾，仍可燎原〉，《小日子》，2017 年 6 月，62 期。（http://www.oneday.com.tw/），2017 年 6 月 17 日檢索。
〔註84〕童安格：《其實你不懂我的心‧其實你不懂我的心》（臺北：寶麗金唱片，1989 年 12 月）。

```
| 5  -  0 5 | 1  -  2 6 | 3  2  1 | 2  -  - ‖
  定，    其 實    你 不 懂 我 的  心。（以下略）
```

　　童安格演唱「懂」字時，因為是整句的骨幹音，但他加重音唱，將「懂」字唱成去聲字，而蔡琴所演唱的版本卻挽救了這個情況。蔡琴的救變方式在於將「懂」字軟唱，由於「懂」之譜字音重，蔡琴唱此音時先將譜依字軟唱，再進行腔之曲調，避免該譜字產生倒字現象。

　　第二節舉出〈小〉、〈美〉、〈等〉、〈九〉字在流行歌曲常引致倒字現象，如譜例二-34〈你知道我在等你嗎〉之例，但本文查考原譜為〔2 3 5 3〕，但張洪量唱成〔3 2 5 3〕，若按譜演唱並不會因下行音階引致倒字之情況。

　　漢字具高低升降，無法區分強弱，〔註85〕歌手如慣於強音重唱，倒字不可避免，〈小〉、〈美〉字之解決方式亦可藉軟唱處理，如黃品源〈小薇〉：

【譜例二-49】〈小薇〉 〔註86〕

```
| 0  0  0  5 1 | 3  -  0  2 3 2 | 1 6 1  0  6 6 2 3 |
              有 一  個     美 麗 的  小 女孩，     她 的 名
| 2  -  0 1 1 6 | 2  -  0  5 1 | 3  -  0  5 2 1 |
  字       叫 做 小  薇。     她 有  雙     溫 柔 的
| 2 1 1 1  0  6 3 | 2 2 2  2  0 1 1 1 6 | 6 1 1  -  1 1 6 ‖
  眼 睛，    她 悄  悄    偷 走 我 的  心。    小 薇
| 6·  6 5 6 5 5 3 1 | 1 6 6  -  6 1 2 3 | 2  -  2 6 1 2 6 5 ‖
  啊，   妳 可 知 道 我 多 愛  妳，     我 要 帶  妳（以下略）
```

　　此首可以對比分析，前兩句之「小」字均聽成去聲，副歌中之「小」字應該會誤聽為去聲，但歌手於此將「小」字輕唱，倒字問題消失。

　　另，〈玫瑰玫瑰我愛你〉中比較姚莉與王若琳之風格：

【譜例二-50】〈玫瑰玫瑰我愛你〉姚莉版 〔註87〕

```
| 1  -  1 2 | 3  5  -  - | 2·  3 2 1 6 | 5  -  -  - |
  玫  瑰  玫 瑰   最  嬌  美，
```

〔註85〕同楊蔭瀏：〈語言與音樂‧語言音樂初探〉註，頁62。
〔註86〕黃品源：《2002簡單情歌‧小薇》（臺北：滾石唱片，2002年11月）。
〔註87〕姚莉：《天涯歌女電影原聲帶‧玫瑰玫瑰我愛你》（上海：百代唱片，1940年）。

| 1· 2 3 5 | 6 1 - 6 | 5· 6 1 3 | 2 - - - ‖

玫　瑰　　玫　瑰　　最　豔　麗。（下以略）

【譜例二-51】〈玫瑰玫瑰我愛你〉王若琳版〔註88〕

| 1 1 2 3 5 5 | 2 3 2 6 5 - | 1 2 3 5 6 1 6 | 5 6 1 3 2 - ‖

玫瑰　玫瑰　最嬌美，　玫瑰　玫瑰　最　豔　麗。（以下略）

　　姚莉版〈玫瑰玫瑰我愛你〉較王若琳版本柔軟，王版唱重引致倒字，姚莉或許敏感度高避免了倒字；譜例二-40〈九百九十九朵玫瑰〉，若唱者依譜軟唱可完全避免倒字，但流行歌手普遍未有意識。

　　演唱者若對歌曲相合之敏感度高，對於每次詮釋歌曲，皆盡可能將字正腔圓之規則加以實踐，蔡琴的敏銳度高於其他歌手，由〈最後一夜〉及〈其實你不懂我的心〉可觀察她對詞曲配合，在演唱時照應聲調的能力。另一位則是林憶蓮，本文考察其處理〈美〉與〈等〉字之演唱，經常以軟唱技巧避開去聲，如〈愛上一個不回家的人〉及〈夜太黑〉兩首：

【譜例二-52】〈愛上一個不回家的人〉〔註89〕

| 3 2 3 2 3　5 5 | 5　2 2 2　- | 4 3 4 3 4　6 6 | 6　3 3 3　- ‖

愛上一個不　回家　　的人，　等待一扇不　開啟　　的門。（以下略）

【譜例二-53】〈夜太黑〉〔註90〕

| 0 6 6 1 | 2　2 1 | 6 1　2 | 1 1 6 | 1 6 1 6 | 1　1 6 |

霓虹裏　人　影如　鬼魅，　這城市　　隱約有種　墮　落的
霓虹裏　人　影如　鬼魅，　這城市　　隱約有種　淪　落的

| 5　- | 0 0 | 0 5 5 | 3　3 2 | 3　5 | 0 0 | 3　2 1 | 2 3 2 1 |

美。　　　如果　誰　看來頹　廢，　　他　只是　累，
美。　　　男人　久　不見蓮　花，　　開　始覺　得牡丹美

| 1　0 | 0 6 6 1 | 2　2 1 | 6　2 0 ‖

。　　要　是誰　跌　碎了　酒杯
。　　女　人芳　心　要　給誰？（以下略）

〔註88〕王若琳：《Joanna & 王若琳・玫瑰玫瑰我愛你》（臺北：新力博德曼，2009年1月）

〔註89〕林憶蓮：《愛上一個不回家的人・愛上一個不回家的人》（臺北：飛碟唱片，1990年12月）。

〔註90〕林憶蓮：《夜太黑・夜太黑》（臺北：滾石唱片，1996年1月）。

　　〈夜太黑〉中「等待」兩字短促又為下行音階，唱得短重後必定會唱成去聲，林憶蓮此處唱得輕軟，聽覺產生滑音感，將原本會聽成陰平或去聲的音，因處理得宜避開倒字。牡丹「美」與淪落的「美」字皆加上裝飾音，讓美字產生降升作用，不至唱倒將字救回。另，林憶蓮演唱「得」字時將譜改唱，由原本〔3 2 1│2 3 2 1〕改唱成〔3 3 2│2 3 2 1〕，將整個譜更改，「得」字譜在重音上，歌者卻唱得相當輕，而「牡」為主要字，置於重音亦為正確，這是唱者對詞曲敏銳的專業表現。但歌手更譜有時並非為了救變，只因更動後好聽而已，如張學友〈吻別〉：

【譜例二-54】〈吻別〉〔註91〕

| 0· 1 1 2· 3 5 6 6 3 2 1 | 2 2 2 1 3 3 2 2 － ‖

你笑得　越　無邪，我就會　愛你愛得更　狂野。
劇終沒　有　喜悅，我仍然　躲在你的夢　裡面。（以下略）

　　〈吻別〉中「狂野」聽成「曠野」明顯倒字，張學友將〔3 2〕唱成〔2 2〕，雖未挽救「狂」字卻好聽得多，歌手對詞曲敏感度確實能增加歌曲的聲韻之美，若能敏銳到將倒字解決就是在唱腔上優秀的歌手。

　　另，唱者拉長音亦可處理倒字，如張惠妹〈我最親愛的〉：

【譜例二-55】〈我最親愛的〉〔註92〕

| 0 6 6 5 3 1 6 | 3 2· 2 － 0 | 0 6 6 5 3 1 6 |

關係雖然不再　一樣，　　　　　關心卻怎麼能

| 3 3 3 － 3 4 3 | 3 2· 2 － 5 6 ‖

說 斷　　　　就 斷？（以下略）

　　〈我最親愛的〉旋律流暢，亦無問題，癥結在於歌手處理「一樣」一詞時，過於短促，「一樣」唱成「異樣」，兩者意思正好相反。如能細膩，將「一」旋律〔3 2〕拉長，便不致因短促形成聲字，這是歌手可救變之方法。

　　本章蒐集並探討的倒字歌曲，由一九四七年〈高山青〉至二〇一四年〈小蘋果〉，跨越約近七十年，無論因詞曲創作、演唱技巧，或因下行音階、上聲字位於高音處（「小」、「美」、「等」、「九」等），皆易唱成倒字，它所形成的影

〔註91〕張學友：《吻別·吻別》（臺北：寶麗金唱片，1993 年）。
〔註92〕張惠妹：《都什麼時候了·我最親愛的》（臺北：金牌大風，2011 年 6 月）。

響除了網路以「那些你聽錯的歌詞」，作爲流行歌曲趣味性的分享外〔註93〕，倒字現象所呈現的是，詞與曲共同合作的藝術，既然是藝術形式，尋求結合之美則是一種講究，若不注重，一首歌曲倒字篇篇，將減損聽覺的和諧之美。

流行音樂專欄作家胡又天對詞曲咬合一事如此認爲：「詞曲咬合，其實是每個寫歌的人應該做到的基本。」〔註94〕由馬世芳、馬欣、胡又天等線上樂評人之見解，均能發現他們對流行歌曲追求相合的想法一致，這是可喜之處。流行歌曲作曲家譜寫旋律時，注重音樂的流暢、曲式結構或金曲獎經常得獎的理由—創新，因此當唱片公司將旋律交由詞人時，倘使詞人不諳音樂，忽略旋律變化與歌詞音調的互動關係，在沒有相互考量下，除引起誤聽，成爲趣味化的結果，亦影響歌曲情感的表達。

流行歌曲如過江之鯽，經不同載體上架、傳播、更新與下架，能留意旋律的變動影響語調變化者並不多，雖言流行歌曲爲商品，並不需要戲曲般依字行腔，但作爲庶民文化的韻文藝術，能注重咬合的要求，仍是好的。

有時歌曲雖出現倒字，歌者意識其現象而救變，仍能保持歌曲之美，這是解決之道。倒字並非不允許，而是其程度是否令聽者誤解，或詞曲情緒因此被破壞而定，有意識之創作者能察覺之間的關係，進而修正語言或旋律，因此一首歌曲確實存在詞曲相互緊密的關係，兩者能在旋律起伏與音調輕重謙讓，情感達到彼此結合，並讓大衆聽懂詞意，不產生誤解，若能如此，亦爲一種講究。

〔註93〕參閱：Youtube（https://www.youtube.com/watch?v=jtHklybtBZg）2017 年 5 月 21 檢索。該影片以最常聽錯的流行歌曲爲主題，呈現誤聽、聽錯的趣味剪輯。

〔註94〕胡又天：〈草東沒有派對做對了哪些地方〉，《風傳媒》，2016 年 5 月 1 日。（http://www.storm.mg/lifestyle/110913），2017 年 6 月 18 日檢索。胡又天，臺大歷史、香港浸信大學華語流行歌詞研究系，《風傳媒》專欄作家，評論政治、時事及流行歌曲之作家與研究者。

第三章　詞曲關係之押韻現象（一）
整齊押韻

　　歌詞押韻談的是句法，在文學或音樂形式中，最容易辨識的部分就是押韻。押韻是節奏的反覆，每隔一段時間，反覆的素材就會出現，聽者可以預期下次何時出現。文學中，詩的押韻具有收束功能，如果某篇文字沒有韻腳，會讓作品產生節奏上的錯亂，而無所依歸，韻腳的作用是在固定時間，以同樣元素營造節奏感。

　　本章探討歌詞押韻，前提為歌詞必須押韻，主要重點在其發展趨勢。從近年流行歌曲的寫作時間可以觀察一個線性發展，如，寬韻現象於各年代皆有之，儘管無法斷定寬押現象自誰而起，二〇〇〇年後，寬押情形更為普遍，這與詞曲創作人兼演唱者（創作型歌手）為同一人有關，後面章節將會論述此現象。這些寬押情況或者更早之前即有，直至創造型歌手大量出現後，影響後輩，跟風隨之而來。

　　歌詞連結音樂與語言，而押韻則影響歌曲的語言表達、情感詮釋，為歌曲重要之形式，本章擬從歌詞押韻發展趨勢分析各種押韻情況，追溯發展原因，乃至最後的影響；由漢語音韻和曲調兩方面，探究歌詞語言和流行音樂之間存在的關係，藉不同時期國語流行歌曲之例，呈現及說明現象，並分析現象，由此對歌詞押韻的問題提出一些意見。

第一節　押韻與曲調關係

一、歌詞押韻之目的

　　中國詩歌格律化約於六朝聲律說，至唐，律詩格律開始講究，〔註1〕無論用韻、平仄、對仗均有規定。近體詩之格律並非最嚴格，之後的曲子詞，格律愈趨嚴謹，如，將平仄使用範圍規定於固定位置，否則便不合格律；〔註2〕至於傳統民間音樂，俗稱之戲曲，〔註3〕其唱腔的形成，據沈德符《野獲編》推估，約十八世紀之前，清代之後民間音樂更是盛行。〔註4〕戲曲唱腔關於歌的部分，乃字出音隨，兩者亦相融，須依字設腔、按字譜曲，音樂旋律與字音相互配合，〔註5〕限制甚嚴。

　　唐宋歌詞並不稱作詞，而謂填詞，因受聲律的約制，每種曲調皆固定形式，郭茂倩《樂府詩集》說明詞所依據之聲從何而來，〔註6〕這種依聲填詞的

〔註1〕〔宋〕王直方《王直方詩話》，《宋詩話輯佚本》（臺北：華正書局，1961年），頁101。

〔註2〕王力：《漢語詩律學》（臺北：洪氏出版社，1975年3月1日），頁509。王力言標準之詞，除配樂外，須具有全篇固定字數、長短句、律化的平仄特點。

〔註3〕張庚、郭漢城：《中國戲曲通史》（三）（臺北：丹青圖書有限公司，1987年8月30日），頁166。

〔註4〕〔明〕沈德符：《萬曆野獲編》，《元明史料筆記》（北京：中華書局，1997年11月），頁647。沈之文記載十八世紀前，戲曲聲腔之歷史發展，其云：「元人小令行於燕、趙，後浸淫日盛。自宣、正至化、治後，中原又行〔鎖南枝〕、〔傍粧臺〕、〔山坡羊〕之屬。李崆峒先生初自慶陽徙居汴梁，聞之，以爲可繼《國風》之後。何大復繼至，亦酷愛之。今所傳〔泥捏人〕及〔鞋打卦〕、〔熬鬏髻〕三闋，爲三牌名之冠，故不虛也。自茲以後，又有〔耍孩兒〕、〔駐雲飛〕、〔醉太平〕諸曲，然不如三曲之盛。嘉、隆間，乃興〔鬧五更〕、〔寄生草〕、〔羅江怨〕、〔哭皇天〕、〔乾荷葉〕、〔粉紅蓮〕、〔桐城歌〕、〔銀絞絲〕之屬，自兩淮以至江南；漸與詞曲相遠。不過寫淫媟情態，略具抑揚而已。比年以來，又有〔打棗竿〕、〔掛枝兒〕，其腔調約略相似，則不問南北、不問男女、不問老幼良賤，人人習之，亦人人喜聽之，以至刊布成帙，舉世傳誦，沁人心肺。其譜不知從何而來，眞可駭嘆！」

〔註5〕武俊達：《戲曲音樂概論》（北京：文化藝術出版社，1999年1月，頁130。

〔註6〕〔宋〕郭茂倩：《樂府詩集·近代曲辭》卷七十九（臺北：里仁書局，1981年3月，頁609。曰：「唐武德初，因隋舊制，用九部樂。太宗增〈高昌樂〉，又造〈讌樂〉，而去〈禮畢曲〉。其著令者十部：一曰〈讌樂〉，二曰〈清商〉，三曰〈西涼〉，四曰〈天竺〉，五曰〈高麗〉，六曰〈龜茲〉，七曰〈安國〉，八

形式是透過音樂完成，在句讀和韻位上必須與樂曲節拍配合，不久民間藝人或文人按興起之曲調填上歌曲，大量創作後流行民間。之後，宋詞亦在原有句式的酌加增減，與散曲小令節拍相應，這些皆說明詞曲相合就韻文而言為必要的。〔註7〕至今，詞、曲創作者，既懂歌詩亦熟音樂，因此，歌詞之所以要押韻，除了悅耳動聽，就藝術層面，亦能見其對作品要求之講究。

　　當代流行歌詞押韻為普遍現象，大多符合節奏感，歌詞若拋開押韻，旋律的部分要如何配合，便成為問題，因為音樂的進行如同文學一樣具有邏輯性，如劉勰《文心雕龍》對聲律之評曰：

　　　是以聲畫妍蚩，寄在吟詠，〔吟詠〕滋味流於〔字〕句，氣力
　　窮於和韻。異音相從謂之和，同聲相應謂之韻。韻氣一定，故餘聲
　　易遣。〔註8〕

和韻為詩歌所力求之效果，不同音所形成的交錯之美，能在吟詠間產生美感，押韻若確定後，韻腳便易於安排，對詩歌具有和諧作用。

　　古代歌詞是合樂進行，流行歌曲若詞曲配合，亦能達到音樂藝術之妙，當代流行歌詞創作人陳樂融如此說：

　　　歌詞，百字上下的空間，需要一種奇特的自律與自負，才好創
　　造。就是因為詞、曲「聯合創作」的行為，本質上是場拔河，所以
　　特別需要我所謂的「自負」與「自律」。〔註9〕

儘管流行歌曲無字數、句數及格式限制，但流行音樂創作者仍將詞、曲當成聯合行為，這說明詞曲之間，仍需自律及相讓。

　　臺灣流行音樂每年舉辦的金曲獎，將最佳作詞、作曲分開授獎，就其意義，二者各展其力，並非聯合創作，因此，詞、曲如同拔河，互不相讓之情狀屢見不鮮，因此有人提出不應將歌詞單獨設立獎項，如李鑫於〈小房間中發生的事：金曲獎怎麼辦？〉所分析之文：「金曲獎將詞曲分開評選，肇生新詩評選現象，影響了作詞專業。我覺得不該有詞曲人獎，一首歌曲的組成詞

日〈疏勒〉，九曰〈高昌〉，十曰〈康國〉，而總謂之燕樂。聲辭繁雜，不可勝紀。凡燕樂諸曲，始於武德、貞觀，勝於開元、天寶。其著錄者十四調、二百二十二曲。

〔註7〕龍沐勛：《倚聲學》（臺北：里仁書局，2003 年 9 月初版三刷），頁 1。
〔註8〕〔梁〕劉勰撰、范文瀾注：《文心雕龍注・聲律三十二》（北京：人民文學出版社，1958 年 9 月），頁 552。
〔註9〕陳樂融：《我，作詞家──陳樂融與 14 位詞人的創意叛逆》（臺北：天下雜誌，2010 年 1 月），頁 12。

曲應該是一體的；光是評曲還可以接受，但若只針對詞、若只是要悠美的文字，那乾脆寫詩就好了。」〔註10〕李鑫所言與本文建構詞曲需彼此相合之觀點一致。

葉雲平及翁嘉銘亦提出二者不可分開而論之意見：「葉雲平認爲作詞不是單就文字優美，韻腳與倒音這種是有專業知識在裡面的，不應該分開。」翁嘉銘也說：「詞跟 Melody 的結合度很重要，以及跟專輯整體想表達的音樂有沒有結合在一起。而且好的作品應該老嫗能解，不用補充解釋。」〔註11〕上述談及音樂人及評審對歌詞創作不該與曲分開論賞之眞實看法，表示目前音樂圈依然有重視詞、曲相合之意見，但，爲何不合韻或與曲不相配的歌曲，仍有其數量及傳唱度，關於這點，本文則以歌曲爲例進行探討。

本文探討流行歌曲便以詞、曲兩者相合關係做基礎，無法僅針對歌詞一方處理，研究立意亦指兩者爲一體進行論述，因此對於當代樂評者提出相同意見，本文喜見議題已具有探討意義。

二、歌詞押韻之界定

當今流行歌手演唱方式，由口腔發音至咬字清楚所產生的效果，或詞人創作之精當，皆能在押韻看出其講究與否，若詞人與唱者自覺歌曲某段歌詞押韻，能使音樂美感產生，實有相得益彰之作用。歌曲是將音樂和語言結合之藝術，兩者和諧能起優美的聽覺感受，歌詞爲歌曲的重要組成，因爲是配合樂曲而唱，就文字藝術發展，歌詞是音樂的一部分，二者不可切割。

就歌曲而言，什麼是該押韻的位置？爲什麼它要押韻？歌曲多半是調式音樂，由樂句觀之，樂句通常結束在主音、屬音、下屬音，而歌詞押韻，其韻腳一般會配合樂句的位置，因此，樂句結束的位置，歌詞就應押韻，這並非因歌詞句法，乃爲樂句之因。

詞跟曲在什麼位置上押韻，能讓作品悅耳好聽，上述規則可以分析說明，不過，本文第一章文獻探討已言，目前研究國語流行歌詞之論文，對押韻討論仍由歌詞作判斷，無法就曲調探討，本章論述，欲建立流行歌曲爲韻文形式，並定義押韻爲歌詞韻腳與旋律相合的理論，藉曲調「主音」、「屬音」、

〔註10〕 李鑫：〈小房間中發生的事：金曲獎怎麼辦？〉收錄於《臺北：Blow 吹音樂，2016 年 6 月 25 日》。（https://blow.streetvoice.com/11367）2016 年 6 月 29 日檢索。

〔註11〕 同李鑫：〈小房間中發生的事：金曲獎怎麼辦？〉註。

「下屬音」與歌詞韻腳貼合之理論進行，以此論述流行歌曲押韻情況。這些現象和古代韻文相近，有著規則之特性，單就歌詞論及押韻，無法解釋韻文合樂性，如同討論新詩押韻，失去與曲調熨貼之意義。

流行歌曲押韻除了探討韻腳，必須同時觀察曲調，藉曲調分析詞與曲間的關係。調式為歌曲的架構基礎，對歌曲旋律的發展及變化有規範作用，它是以某一音為主，不同的高低音圍繞主音，且往其調式方向前進，作用表現於歌曲的開始及終止音上，因此，以主音或屬音開頭及結尾的歌曲較多，這體現了調式主音將決定歌曲的規律發展。主音為最穩定的音，其上五度音為屬音，上四度音為下屬音，〔註12〕是調式結構上較為穩定的音，在歌曲主音的運行間有著安安的支持度，此為曲調在押韻上之意義。

歌詞，則需在押韻處進行，就歌曲而言，即指需於調式主音、屬音、下屬音位置中押韻。一般分析歌曲押韻，多由歌詞判斷，就詩歌傳統，無論詩、詞、曲、賦均有格律要求，會將韻腳押在規定之處，若應押韻而未押韻即是脫韻。雖然流行歌曲並無如此嚴格規範，就曲調觀之，歌詞押韻的音樂層面，是指歌曲樂句結束的位置，歌詞要押韻，此為本文欲建立之論點。

目前流行歌曲創作可分兩種方式，〔註13〕一是先有詞，二為先有曲。先有詞，曲家若只顧及旋律，照應不到歌詞，因而產生脫韻之作品時有所見；若是先有曲，詞人僅關注詞之內涵，忽略旋律影響歌詞情感思想的因素，脫韻形成的不協調，則無可避免。另就身分言之，詞、曲、唱皆為同一人，歌壇稱為創作型歌手，其對歌曲詮釋似乎更清楚該怎麼唱才能和諧，通常可以補救或唱出合樂的歌詞；若詞曲創作者與歌手不為同一人，詞、曲家須兼顧彼此之和諧外，演唱者之於歌曲靈敏度的感受，自覺地於演唱時改變唱法，均有可能將不和諧之處救變。

押韻與音樂關係於本文為同時進行，無法單獨論述，比如，有些歌詞看起來是句子，應該押韻，而寫詞人在某樂句中沒有押韻，曲家亦無留意，將應押韻的音符短寫，不經意地滑過去，引致演唱時該處沒有間斷，聽眾無法感受此為押韻位置，錯失美感體驗，所以歌曲需靠聽覺審美。就歌曲而言，

〔註12〕王冠群：《通俗創作十講》（長春：長春出版社，1993年2月），頁30。
〔註13〕楊偉成：〈文字的勝負——寫出一塊思想形狀　馬世芳 X 馬莎〉收錄於雜誌《Shopping Design》（臺北：巨思文化股份有限公司，2016年2月5日87期），頁40。此處以羅大佑及李宗盛之創作方式做說明，羅大佑與李宗盛，一個先有旋律，一個先有歌詞。

歌詞並非文字形式的呈現，僅以文字呈現，容易單看句法，憑逗點、句點判斷押韻，此亦不準確。故關於押韻，須與曲調併置討論，否則將如金曲獎評審所言，僅論歌詞不如選誰的新詩創作優秀，如此將失去研究詞曲關係之意義。

　　有時一個音應在押韻位置，但曲調讓它以一個半拍滑過去，進到下個字或音節，此時就不需要押韻；再者，以文字形式看歌詞，它只是一首詩的句子，就古詩偶數句押韻規則，作曲者創作時沒有押韻，此句便沒有押韻功能，因為以旋律觀之，它或許不是主音、屬音或下屬音，甚至有些地方，可能在樂曲寫作時，句末寫得短，中間有個音較長，就可能具有主音作用。創作者若敏銳，將會留意這些問題，並視之為規則。

三、流行歌曲發展趨勢的押韻與曲調——以金曲獎年度歌曲為例

　　李鑫等人對於金曲獎，將詞、曲分開獎勵持反對意見，認為兩者為一體，必須相互配合，本文就近年金曲獎最佳年度歌曲而言，絕大多數均未共同獲得最佳作詞、作曲，年度歌曲應為詞、曲、唱三者表現最佳共同獲得，實際情況往往不是如此，茲就十年「年度歌曲」、「最佳作詞」、「最佳作曲」得獎名單說明，如表格三-1 至三-3：〔註14〕

表三-1　二〇〇八～二〇一七金曲獎「年度歌曲」得獎歌曲押韻情況

年度	年度歌曲獲獎歌名	歌詞押韻情況說明
2017	〈大風吹〉	〔ei〕、〔an〕混押，及〔a〕虛字押韻。
2016	〈不要放棄〉	阿美族語。
2015	〈島嶼天光〉	閩南族語。
2014	〈山丘〉	明顯段落換韻，段落一、二押〔o〕、〔ɤ〕韻，段落三押〔ou〕韻。
2013	〈大藝術家〉	副歌韻腳整齊押〔a〕、〔ən〕、〔əŋ〕韻。
2012	〈諾亞方舟〉	通首押〔an〕、〔ei〕、〔ai〕三韻。
2011	※〈給自己的歌〉	段落換韻，分別為〔ɤ〕、〔aŋ〕、〔ei〕韻。
2010	〈好膽你就來〉	閩南語族語。

〔註14〕參閱文化部影視與流行音樂產業局。（http://www.bamid.gov.tw/files/11-1000-135-1.php），2016 年 6 月 29 日檢索。

2009	〈稻香〉	副歌韻腳整齊押〔au〕韻。
2008	※〈青花瓷〉	段落換韻：〔ən〕、〔əŋ〕通押，〔i〕、〔y〕通押。

＊資料來源：參考文化部影視與流行音樂產業局獎勵事業之流行音樂，並自行編製。
　　（http://www.bamid.gov.tw/）2016 年 12 月 4 日檢索。※爲詞曲皆獲獎之
　　年度歌曲。

表三-2　二〇〇八～二〇一七金曲獎「最佳作詞」得獎歌曲押韻情況

年度	最佳作詞獲獎歌名	歌詞押韻情況說明
2017	〈成名在望〉	全首押〔aŋ〕韻。
2016	〈他舉起右手點名〉	首段兩句一押韻，後段押韻現象不明顯。
2015	〈不散　不見〉	通首押〔an〕韻。
2014	〈山丘〉	明顯段落換韻，段落一、二押〔o〕、〔ɤ〕韻，段落三押〔ou〕韻。
2013	〈玫瑰色的你〉	韻腳不整齊。
2012	〈阿爸的虱目魚〉	閩南語族語。
2011	〈給自己的歌〉	段落換韻，分別爲〔ɤ〕、〔aŋ〕、〔ei〕韻。
2010	〈開門見山〉	〔an〕、〔aŋ〕韻混押。
2009	〈電車內面〉	閩南語族語。
2008	〈青花瓷〉	段落換韻：〔ən〕、〔əŋ〕通押，〔i〕、〔y〕通押。

＊資料來源：同上表。

表三-3　二〇〇八～二〇一七金曲獎「最佳作曲」得獎歌曲押韻情況

年度	最佳作曲獲獎歌名	歌詞押韻情況說明
2017	〈離心力〉	〔ən〕〔əŋ〕〔ɤ〕混押。
2016	〈不爲誰而做的歌〉	段落分別以〔ɤ〕、〔ei〕韻。
2015	〈有所畏〉	通首押〔ən〕、〔əŋ〕韻。
2014	〈Musicians〉	段落換韻：分別〔an〕韻及〔o〕、〔ɤ〕通押韻。
2013	〈回味〉	整齊的一韻〔ei〕到底。
2012	〈諾亞方舟〉	通首押〔an〕、〔ei〕、〔ai〕三韻。
2011	〈給自己的歌〉	段落換韻：分別爲〔ɤ〕、〔aŋ〕、〔ei〕韻。
2010	〈在樹上唱歌〉	幾乎〔ɤ〕韻到底，最末一字押〔ɤ〕〔o〕通押。
2009	〈100 種生活〉	押〔o〕、〔əŋ〕韻。
2008	〈青花瓷〉	段落換韻：〔ən〕、〔əŋ〕通押，〔i〕、〔y〕通押。

＊資料來源：同上表。

　　二〇〇八至二〇一七年之年度歌曲，同時獲最佳作詞、作曲者，只〈青花瓷〉與〈給自己的歌〉兩首，二〇一四〈山丘〉一曲，獲年度歌曲、最佳作詞兩個項目，其餘作品均無共同獲獎。顯而易見，金曲獎年度歌曲乃將詞、曲分開評審，因此詞、曲各得各的獎，並非以兩者相合與否考量，形成同首歌曲，作曲得獎，作詞落馬之情狀。

第二節　流行歌曲押韻現象分析

　　探討歌詞押韻前，簡扼說明介音與韻部合用之歷史進程。王力《漢語詩律論》將詩歌與其他韻文的用韻標準分成三個時期：唐以前完全依口語押韻，用韻較寬；唐至五四運動前，大多數必須依照韻書，尤其近體詩的用韻標準，如《廣韻》分二〇六韻，到了唐代依照唐韻，二〇六韻部基本上完全不通押；最後五四運動後又回到唐之前的口語為標準。〔註15〕以學理而言，介音在〔i〕、〔u〕、〔y〕亦屬於韻的一部分，因此流行歌詞之押韻現象，合韻與否就應考慮介音。但，之後的詩韻在韻部上出現合韻通押，詞韻亦有通用之現象。這說明，就書面語而論，押韻嚴格講究格律，尤其科舉考試，要求必須嚴格；就實際語音而言，若押韻如此嚴格，創作受限制，某些韻變窄，通押現象必然會產生。另，實際語音因為接近現代用語，演唱時聽覺並不會衝突，以此角度觀之，接近之音具有通押、通用之變化，以及韻部分合確實為自然現象，韻部使用之寬疏，古代已有鬆動。

　　本篇由此立意出發，探討流行歌曲押韻時，明白無法以韻書分析方式進行分類，而流行歌曲押韻情形又如此寬鬆，因此乃將有介音與無介音之情況合用分析，絕大多數歌曲選材，亦排除介音因素，因為介音已非歌詞押韻之重要因素。

　　言此，以流行歌曲角度而言，一韻到底可不考慮介音因素，並且語言流動亦為自然發展，雖無法評斷流行歌曲不考慮介音現象從何開始，但四〇年代之後歌曲，不考慮介音押韻已為普遍現象，如〈鳳凰于飛〉（陳蝶衣／陳歌辛／周璇／勝利唱片／一九四五），其第一段落之韻字為「嬌」〔iau〕、「到」〔au〕、「笑」〔iau〕、「抱」〔au〕，即不考慮介音押〔au〕韻；故，本篇探討押韻，若將介音作為標準時，將減少歌曲例子之數量，且此種譜例在流行歌曲作品中

〔註15〕王力：《漢語詩律論》（臺北：洪氏出版社，1975年三月一日），頁3～5。

少之又少，本文僅於一韻到底論述中，勉強舉出數首說明。

　　一首歌曲皆由幾個樂段完成，樂段亦劃分為數個不等的樂句，其劃分原則可由樂段出現的和聲終止式及曲調在較大片段之後，基於節奏及相對穩定音調的出現，所形成的較明顯的間歇為依據。〔註16〕樂句是一個相對完整樂思的觀念，探討歌詞押韻固然可就歌詞句法確定樂句位置，但它僅是參照項目之一，基於節奏、旋律形成不同程度的呼應關係，更能清楚觀察樂句的位置。

　　其分析表論述文字、符號設定如下：

1、歌曲韻腳拼音，一律以國際音標標示，如〔i〕、〔y〕。

2、分析表格之樂句數、行文中之數目，均以新細明12標誌，如1、2、3。

3、歌曲的全曲樂譜，一律以簡譜標示。

4、行文中之音符為避免與英文字母混淆，皆以唱名並加〔〕區隔示之，如，〔Do〕〔Re〕〔Mi〕；歌曲分析表中之結束音、行文中某節、段旋律，或需標示高低音符，則以簡譜音符01SMN 體，並加〔〕標示，如，〔1〕、〔2〕、〔3〕或〔i〕、〔2〕、〔3〕或〔1 2 3〕、〔4 56〕、〔7 i〕，以區隔數一般數字之書寫。

5、「歌曲押韻分析表」中的符號⊙，表示可押韻也可不押韻；而符號⊕，表示應押韻卻無押韻。其他的通押或換韻的個別現象，將列備註說明。

6、歌曲樂句的韻腳，依譜例歌詞句號、驚嘆號、問號的前一字，即韻腳字。

7、由分析表可觀察歌詞韻腳與樂句結束音契合與否。

8、調式主音、下屬音、屬音判斷說明：

表三-4　簡譜調式主音、屬音、下屬音之說明：

唱名	音名	簡譜	主音	下屬音	屬音
Do	C	1	1	4	5
Re	D	2	2	5	6
Mi	E	3	3	6	7
Fa	F	4	4	1	2

〔註16〕參閱吳祖強編著：《曲式與作品分析》（北京：新華書店，2003 年 6 月），頁53。

Sol	G	5	5	1	2
La	A	6	6	2	3
Ci	B	7	7	4	5
Do	C	i	1	4	5

＊資料說明：以自然大調之音階為調式，由主音算起四音階為下屬音，五音階為屬音。
　　　　　　本文分析表押韻判斷為：樂句結束音位於調式主音、屬音、下屬音則為押韻。圖表為自行設計。

第三節　整齊押韻之一韻到底

近體詩對格律要求十分嚴格，如律詩的二、三聯須對仗，對仗其實是聲韻上的安排，和音樂緊密結合，且須一韻到底，不可通押。流行歌曲為大眾文學，沒有嚴格的規則可循，但從民間流行歌曲中，我們似乎又看見流行歌曲仍跟從聲韻上的自然和諧，於創作時注重歌詞押韻，最多的形式便是一韻到底，本文考察之年代，歌曲一韻到底之數量最為繁多。然而，一韻到底之講究，可由考慮介音和韻腳通押與否兩方面觀察。（本文韻腳依據《中華新韻》，已於第一章第四節研究方法與步驟列韻表說明。）

一、考慮介音

流行歌曲一韻到底，並考慮介音之作品並不多見，即使僅尾韻相同，也因出現介音，無法視之為完全一韻到底，本文考察過程，覓得幾首譜例，茲將分別以無介音及有介音兩個層面討論：

（一）無介音之一韻到底

先就譜三-1 至三-4 四首歌曲，論述無介音之押韻情況：

【譜例三-1】〈甜蜜蜜〉〔註17〕

甜蜜蜜
唱 鄧麗君

詞 莊奴 曲 印尼蘇門答臘民謠
歌林唱片 1979年9月20日

1=Eb 2/4

甜　蜜　蜜　你　笑　得甜蜜　蜜。　　好像花兒　開在春風　裡。　開

〔註17〕鄧麗君：《難忘的一天‧甜蜜蜜》（臺北：歌林唱片公司，1979年9月）。譜例編號續由第二章依順序排列。

在春風裡。　　　　在哪裡　在哪裡見過你。

你的笑容　這樣熟　悉。　我　一時想不　起。　　　　啊

在夢　裡。　　　夢裡　夢裡見過你。

甜　蜜　笑得多甜　蜜。　　　是你，　是你。　夢見的就是

你。　　在哪裡　在哪裡見過你。　你的笑容　這樣熟

悉。　我　一時想不　起。　　　啊　　在夢　裡。

表三-5　〈甜蜜蜜〉詞曲押韻分析表

樂句數	樂句結束音	歌詞	韻部
1	〔3〕	蜜	〔i〕
2	〔1〕	裡	〔i〕
3	〔2〕	裡	〔i〕
4	〔3〕	你	〔i〕
5	〔1〕	悉	〔i〕
6	〔1〕	起	〔i〕
7	〔1〕	裡	〔i〕
8	〔3〕	你	〔i〕
9	〔3〕	蜜	〔i〕
10	〔5〕	你	〔i〕
11	〔3〕	你	〔i〕
12	〔1〕	悉	〔i〕

13	〔1〕	起	〔i〕
14	〔1〕	裡	〔i〕

＊資料來源：本文所有譜例之分析表，皆為自行設計編製而成，其後不再標註來源。

〈甜蜜蜜〉，共有十四個樂句，分為四個段落分析。第一段落一至三句，樂句結束音為〔3〕、〔1〕、〔2〕；樂句相應位置的歌詞分別為「蜜」、「裡」、「裡」，〔i〕韻。第二段落四至七句，樂句結束音為〔3〕、〔1〕、〔1〕、〔1〕；樂句相應位置的歌詞分別為「你」、「悉」、「起」、「裡」〔i〕韻。第三段落八至十句，樂句結束音為〔3〕、〔3〕、〔5〕；樂句相應位置的歌詞分別為「你」、「蜜」、「你」，〔i〕韻。第四段落十一至十四句，樂句結束音為〔3〕、〔1〕、〔1〕、〔1〕；樂句相應位置的歌詞分別為「你」、「悉」、「起」、「裡」〔i〕韻。

【譜例三-2】〈掌聲響起〉〔註18〕

掌聲響起
唱 鳳飛飛
詞 純桂芬 曲 陳進興
歌林唱片 1986年6月

（譜例——簡譜）

孤獨 站在這舞臺。 聽到掌聲 響起來。我的
好像 初次的舞臺。 聽到第一 聲喝采。我的

心中有無限 感慨。 多少青春 不再。 多少
眼淚忍不住 掉下來。 經過多少 失敗。 經過

情懷 已更 改。我 還擁有你的 愛。 好像
多少 等 待。告 訴自己要忍

耐。 掌聲響 起。來 我心更 明白。 你的

愛 將與我同 在。 掌聲響 起來。 我心

更 明白。歌聲交匯 你我 的愛。

〔註18〕鳳飛飛：《掌聲響起‧掌聲響起》（臺北：歌林唱片公司，1986年6月）。

表三-6　〈掌聲響起〉詞曲押韻分析表

樂句數	樂句結束音	歌　詞	韻　部
1	〔1〕	臺	〔ai〕
2	〔5̣〕	來	〔ai〕
3	〔5〕	慨	〔ai〕
4	〔6〕	再	〔ai〕
5	〔3〕	改	〔ai〕
6	〔2〕	愛	〔ai〕
7	〔1〕	臺	〔ai〕
8	〔5̣〕	釆	〔ai〕
9	〔5〕	來	〔ai〕
10	〔6〕	敗	〔ai〕
11	〔3〕	待	〔ai〕
12	〔1〕	耐	〔ai〕
13	〔1〕	來	〔ai〕
14	〔5〕	白	〔ai〕
15	〔2〕	在	〔ai〕
16	〔1〕	來	〔ai〕
17	〔6〕	白	〔ai〕
18	〔1〕	愛	〔ai〕

　　〈掌聲響起〉，共十八個樂句，可分為三個段落分析。第一段落一至六句，樂句結束音為〔1〕、〔5̣〕、〔5〕、〔6〕、〔3〕、〔2〕，樂句相應位置的歌詞分別為「臺」、「來」、「慨」、「再」、「改」、「愛」，〔ai〕韻；第二段落七至十二句，樂句結束音為〔1〕、〔5̣〕、〔5〕、〔6〕、〔3〕、〔1〕，樂句相應位置的歌詞分別為「臺」、「釆」、「來」、「敗」、「待」、「耐」，〔ai〕韻；第三段落十三至十八句，樂句結束音為〔1〕、〔5〕、〔2〕、〔1〕、〔6〕、〔1〕，樂句相應位置的歌詞分別為「來」、「白」、「在」、「來」、「白」、「愛」，〔ai〕韻。

【譜例三-3】〈一生一次〉〔註19〕

一生一次

唱 劉德華

1=C 4/4

詞 陳大力 曲 陳秀男‧陳大力
1990年 飛碟唱片

表三-7 〈一生一次〉詞曲押韻分析表

樂句數	樂句結束音	歌 詞	韻 部
1	〔1〕	候	〔ou〕
2	〔5〕	口	〔ou〕
3	〔2〕	透	〔ou〕
4	〔3〕	柔	〔ou〕
5	〔6〕	受	〔ou〕
6	〔1〕	受	〔ou〕
7	〔3〕	走	〔ou〕
8	〔3〕	由	〔ou〕
9	〔6〕	友	〔ou〕

〔註19〕劉德華：《一生一次‧一生一次》（臺北：飛碟唱片公司，1993 年）。

10	〔2̣〕	憂	〔ou〕
11	〔5̣〕	奏	〔ou〕
12	〔2̇〕	頭	〔ou〕
13	〔1̇〕	走	〔ou〕
14	〔3̇〕	口	〔ou〕
15	〔3̇〕	味	〔ou〕
16	〔2̇〕	夠	〔ou〕
17	〔1̇〕	走	〔ou〕

　　〈一生一次〉共有十七個樂句，可分爲三個段落分析。第一段落一至六句，樂句結束音爲〔1〕、〔5̣〕、〔2〕、〔3〕、〔6̣〕、〔1〕，樂句相應位置的歌詞分別爲「候」、「口」、「透」、「柔」、「受」、「受」，〔ou〕韻；第二段落七至十二句，樂句結束音爲〔3〕、〔3〕、〔6〕、〔2〕、〔5〕、〔2̇〕，樂句相應位置的歌詞分別爲「走」、「由」、「友」、「憂」、「奏」、「頭」，〔ou〕韻；第三段落十三至十七句，樂句結束音爲〔1〕、〔3̇〕、〔3̇〕、〔2̇〕、〔1̇〕，樂句相應位置的歌詞分別爲「走」、「口」、「味」、「夠」、「走」，〔ou〕韻。

【譜例三-4】〈你快樂所以我快樂〉[註20]

你快樂所以我快樂

唱 王菲

詞 林夕 曲 張亞東
1999年 福茂唱片

表三-8 〈你快樂所以我快樂〉詞曲押韻分析表

樂句數	樂句結束音	歌 詞	韻 部
1	〔5〕	了	〔ɤ〕
2	〔i〕	了	〔ɤ〕
3	〔5〕	了	〔ɤ〕
4	〔i〕	了	〔ɤ〕
5	〔7〕	樂	〔ɤ〕
6	〔i〕	了	〔ɤ〕
7	〔i〕	呢	〔ɤ〕
8	〔7〕	得	〔ɤ〕
9	〔i〕	樂	〔ɤ〕
10	〔i〕	轍	〔ɤ〕

〈你快樂所以我快樂〉共十個樂句，一至十之樂句結束音為〔5〕、〔i〕、〔5〕、〔i〕、〔7〕、〔i〕、〔i〕、〔3〕、〔7〕、〔i〕、〔i〕，樂句相應位置的歌詞分別為「了」、「了」、「了」、「了」、「樂」、「了」、「呢」、「得」、「樂」、「轍」，〔ɤ〕韻。

上列四首譜例年代為一九七九年至一九九九年之歌曲，由分析表觀察，曲調及歌詞皆整齊，四首分別押〔i〕〔ai〕〔ou〕〔ɤ〕韻，詞家採用無介音之韻腳。

事實上要完全使用無介音之韻腳字並非難事，凡〔i〕、〔u〕、〔y〕、〔ɚ〕、〔ɤ〕全為無介音之韻，其中〔i〕韻字數量比其他四韻字多，自然較易創作一韻到底的歌曲。譜例〈掌聲響起〉、〈一生一次〉為〔ai〕〔ou〕韻，此兩韻母均有介音之可能，而詞人避開包含介音之韻腳字，不無刻意。以下為無介音之〔u〕韻譜例：

【譜例三-5】〈世界像一座彩屋〉〔註21〕

世界像一座彩屋

唱 陳蘭麗

1=C $\frac{4}{4}$

詞·曲 黃捷平
海山唱片 1970年

表三-9　〈世界像一座彩屋〉詞曲押韻分析表

樂句數	樂句結束音	歌詞	韻部	備註
1	〔3〕	屋	〔u〕	
2	〔5〕	幕	〔u〕	
3	〔3〕	廊	〔aŋ〕	⊙
4	〔2〕	柱	〔u〕	
5	〔3〕	屋	〔u〕	
6	〔5〕	幕	〔u〕	
7	〔2〕	裡	〔i〕	⊙

〔註21〕陳蘭麗：《情竇初開·世界像一座彩屋》（臺北：海山公司，1970年）。

8	〔1〕	福	〔u〕	
9	〔3〕	們	〔ən〕	⊙
10	〔3〕	服	〔u〕	
11	〔2〕	們	〔ən〕	⊙
12	〔3〕	符	〔u〕	
13	〔3〕	屋	〔u〕	
14	〔5〕	幕	〔u〕	
15	〔2〕	裡	〔i〕	⊙
16	〔1〕	福	〔u〕	

⊙表此字之韻腳，可押亦可不押。

　　〈世界像一座彩屋〉共十六個樂句，一至四之樂句結束音為〔3〕、〔5〕、〔3〕、〔2〕，樂句相應位置的歌詞分別為「屋」、「幕」、「廊」、「柱」；五至八樂句結束音為〔3〕、〔5〕、〔2〕、〔1〕，樂句相應位置的歌詞分別為「屋」、「幕」、「裡」、「福」；九至十二樂句結束音為〔3〕、〔3〕、〔2〕、〔3〕，樂句相應位置的歌詞分別為「們」、「服」、「們」、「符」；十三至十六樂句結束音為〔3〕、〔5〕、〔2〕、〔1〕，樂句相應位置的歌詞分別為「屋」、「幕」、「裡」、「福」。

　　〈世界像一座彩屋〉更早於前面四首的年代，為一九七〇年代之歌曲，為 AABA 的形式。〔註22〕依分析表，其中三個 A 段落均有一個共同現象，A 段一、二、四句皆押〔u〕韻，第三句一律不押韻，形式整齊，和唐詩一三五不論，二四六押韻相同，「廊」、「裡」二字之曲為〔Mi〕及〔Re〕，不並在調式主音，可以不押韻，故可視為〔u〕韻到底之歌曲。

　　這類看似唐詩押韻形式的歌曲實不多見，能考慮介音且一韻到底尤難見，有些歌曲雖有此形式，但韻腳不在調式音上，或者不考慮介音，此首歌曲三個 A 段落均採用同樣模式，應為有意識之填詞，詞曲創作又同為一人，在相互配合下，本文認為，作者應是刻意使用與律詩韻腳規則相同的方式創作。

〔註22〕參閱黃湛森：〈粵語流行曲的發展與興衰：香港流行音樂研究（1949～1977）〉（香港：香港大學哲學博士論文，2003 年 5 月），頁 96。AABA 為歌曲曲式，A 指的是三段的旋律大致相同，B 為副歌，四段曲式如同起、承、轉、合，為三〇年代美國流行的音樂曲式，因為 A 段重複性高，易記、易唱，成為流行歌曲常用之曲式。

（二）有介音之一韻到底

先就譜例三-6 至三-8 三首歌曲說明有介音之押韻情況：

【譜例三-6】〈你怎麼說〉〔註23〕

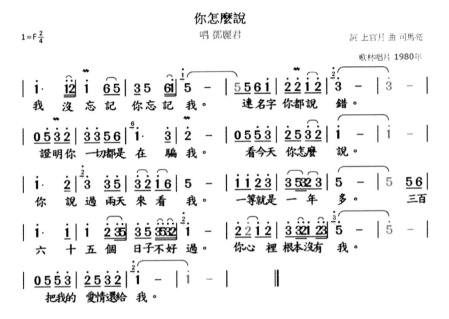

表三-10　〈你怎麼說〉詞曲押韻分析表

樂句數	樂句結束音	歌 詞	韻 部
1	〔5〕	我	〔uo〕
2	〔3〕	錯	〔uo〕
3	〔i〕	我	〔uo〕
4	〔i〕	說	〔uo〕
5	〔5〕	我	〔uo〕
6	〔5〕	多	〔uo〕
7	〔i〕	過	〔uo〕
8	〔5〕	我	〔uo〕
9	〔i〕	我	〔uo〕

〈你怎麼說〉共有十個樂句，第一至十之樂句結束音為〔5〕、〔3〕、

〔註23〕鄧麗君：《豔紅小曲・你怎麼說》（臺北：歌林唱片公司，1980 年）。

〔i〕、〔i〕、〔5〕、〔5〕、〔i〕、〔5̇〕、〔i〕，樂句相應位置的歌詞分別為「我」、「錯」、「我」、「說」、「我」、「多」、「過」、「我」、「我」，全首押〔uo〕韻。

【譜例三-7】〈人間〉〔註24〕

人間

唱 王菲

詞 林夕 曲 中島美雪

EMI唱片 1997年7月1日

$1=C\frac{2}{4}$

表三-11　〈人間〉詞曲押韻分析表

樂句數	樂句結束音	歌　詞	韻　部
1	〔3〕	空	〔uŋ〕
2	〔6〕	虹	〔uŋ〕
3	〔2〕	懂	〔uŋ〕
4	〔3〕	終	〔uŋ〕
5	〔6〕	恐	〔uŋ〕
6	〔1〕	痛	〔uŋ〕
7	〔6〕	容	〔uŋ〕
8	〔6〕	動	〔uŋ〕
9	〔6〕	空	〔uŋ〕
10	〔3〕	頌	〔uŋ〕
11	〔2〕	哄	〔uŋ〕
12	〔1〕	朧	〔uŋ〕
13	〔1〕	哄	〔uŋ〕
14	〔1〕	懂	〔uŋ〕

　　〈人間〉共有十四個樂句，分三個段落觀之，一至六之樂句結束音爲〔3〕、〔6〕、〔2〕、〔3〕、〔6〕、〔1〕，樂句相應位置的歌詞分別爲「空」、「虹」、「懂」、「終」、「恐」、「痛」；七至九之樂句結束音爲〔6〕、〔6〕、〔5〕，樂句相應位置的歌詞分別爲「容」、「動」「空」，十至十四之樂句結束音爲〔3〕、〔2〕、〔1〕、〔1〕、〔1〕，樂句相應位置的歌詞分別爲「頌」、「哄」、「朧」、「哄」、「懂」，全首〔uŋ〕韻。

【譜例三-8】〈流年〉〔註25〕

流年
唱　王菲
詞　林夕　曲　陳曉娟
EMI唱片 2001年11月16日

$1=C\frac{4}{4}$

| 0 3 3 1 5 5 3 1 3 | 1· 6 6 — 0 | 0 3 3 1 5 5 3 1 2 |

愛上一個　天使的　缺　點。　　　用一種魔　鬼的　語
愛上一個　認真的　消　遣。　　　用一朵花　開的　時
遇見一場　煙火的　表　演。　　　用一場輪　迴的　時

〔註25〕王菲：《王菲‧流年》（臺北：科藝百代股份有限公司，2001年11月）。

表三-12　〈流年〉詞曲押韻分析表

樂句數	樂句結束音	歌 詞	韻 部
1	〔6.〕	點	〔ian〕
2	〔3〕	言	〔ian〕
3	〔5〕	眼	〔ian〕
4	〔3〕	點	〔ian〕
5	〔6〕	遣	〔ian〕
6	〔3〕	間	〔ian〕
7	〔5〕	面	〔ian〕
8	〔3〕	電	〔ian〕
9	〔3〕	免	〔ian〕
10	〔3〕	線	〔ian〕
11	〔1〕	天	〔ian〕
12	〔6.〕	年	〔ian〕

13	〔6̣〕	演	〔ian〕
14	〔3〕	間	〔ian〕
15	〔6̣〕	見	〔ian〕
16	〔5〕	年	〔ian〕
17	〔3〕	免	〔ian〕
18	〔3〕	線	〔ian〕
19	〔3〕	天	〔ian〕
20	〔6̣〕	變	〔ian〕

　　〈人間〉共有十七個樂句，此處分為四段落：第一段落，一至四樂句之結束音為〔6̣〕、〔3〕、〔5〕、〔3〕，樂句，相應位置的歌詞分別為「點」、「言」、「眼」、「點」；五至八樂句之結束音為〔6̣〕、〔3〕、〔5〕、〔3〕，樂句相應位置的歌詞分別為「遣」、「間」、「面」、「電」；九至十二之樂句結束音為〔3〕、〔3〕、〔1〕、〔6̣〕，相應位置的歌詞分別為「免」、「線」、「天」、「年」；十三至十六樂句之結束音為〔6̣〕、〔3〕、〔6̣〕、〔5〕，相應位置的歌詞分別為「演」、「間」、「見」、「年」；十七至二十樂句之結束音為〔3〕、〔3〕、〔3〕、〔6̣〕，樂句相應位置的歌詞分別為「免」、「線」、「天」、「變」，全首押〔ian〕韻。

　　三-6～三-8 三首為一九八〇至二〇〇一年之歌曲，押韻情況，就表格分析分別押〔ou〕、〔uŋ〕、〔ian〕，其韻腳皆含介音並一韻到底。一般流行歌曲的押韻不太考慮介音現象，歌曲能在樂句結束音的位置，填上相同韻腳或通押韻字，已稱得上押韻，聽眾聽得順耳也就接受，鮮少能留意歌詞韻腳之講究，如同這三首，詞人若非有意如此，難以巧合之說論之，尤其〈人間〉、〈流年〉兩首同為林夕填詞，〔註26〕皆運用含介音之〔uŋ〕、〔ian〕當韻腳，顯見注重韻字之講究。另舉年代更久遠之歌曲：

〔註26〕林夕，人稱香港流行歌曲「詞神」，詞作至二〇一七年已超過三千首，詞作講究押韻，曾獲以〈臉〉（1999）、〈開門見山〉（2010）獲兩屆臺灣金曲獎流行音樂類最佳作詞。參考朱耀偉：《歲月如歌——詞話香港粵語流行曲》（香港：三聯書店，2009 年 9 月），頁 220。以及文化部影視與流行音樂產業局。（http://www.bamid.gov.tw/files/11-1000-135-1.php），2017 年 5 月 26 日檢索。

【譜例三-9】〈春風吻上我的臉〉〔註27〕

春風吻上我的臉

1=C 2/4

唱 姚莉

詞 狄薏 曲 姚敏
1969年 香港百代唱片

| 0 1 6 5 | 1 6·5 3 6 | 3 | 5 - | 0 5 5 3 | 6 5·6 |
春風它 吻 上了我 的 臉。 告訴我 現 在

| 5 1 3 | 2 3 2 | 0 5 5 3 | 6 5 | 0 5 3 | 2 3 2 1 |
是春 天。 誰說是 春 眠 不 覺 晚，
雖然是 春 光 無 限 好，

| 0 7 7 6 | 2· 2 7 6 | 5 6 | 5 - ‖ 7 6 7 2 | 2 5 | 6 |
只有那 偷 懶人兒 才 高 眠。 春光老去 在 眼
只怕那

| 1 - | 0 3 3 5 | 6 5·6 5 1 | 2 | 3 - | 0 5 5 3 |
前 趁著那 春 色 在人 間。 起一個

| 6 5·3 2 1 | 3 | 2 3 2 | 0 1 6 5 | 1 6 5 | 0 3· 1 |
清 早跟春相 見。 讓春風 吹 到 我 身

| 6 7 6 5 | 0 6 6 5 | 6 1 | 5 6 3 | 2 3 2 | 0 1 6 5 |
邊。 輕輕的 吻 上 我 的 臉。 春風它

| 1 6 5 | 3 6 | 3 | 5 - | 0 5 5 3 | 6 5·6 5 1 | 3 |
吻 上了我 的 臉。 告訴我 現 在 是春

| 2 3 2 | 0 5 5 3 | 6 5 | 0 5 3 | 2 3 2 1 | 0 7 7 6 |
天。 春天裡 處 處 花 爭 妍。 別讓那

| 7· 6 7 2 | 2 5 6 | 6 - ‖ 0 6 6 5 | 6· 5 6 1 | 1 3 2 3 2 1 |
花謝一年 又 一 年。 別讓那 花謝一年 又 一

| 1 - | 1 | 0 | ‖
年。

〔註27〕姚莉：《那個不關心‧春風吻上我的臉》（香港：百代唱片，1956年）。

表三-13　〈春風吻上我的臉〉詞曲押韻分析表

樂句數	樂句結束音	歌　詞	韻　部
1	〔5〕	臉	〔ian〕
2	〔2〕	天	〔ian〕
3	〔5〕	眠	〔ian〕
4	〔5〕	臉	〔ian〕
5	〔2〕	天	〔ian〕
6	〔1〕	前	〔ian〕
7	〔3〕	間	〔ian〕
8	〔2〕	見	〔ian〕
9	〔6〕	邊	〔ian〕
10	〔2〕	臉	〔ian〕
11	〔5〕	臉	〔ian〕
12	〔2〕	天	〔ian〕
13	〔2〕	妍	〔ian〕
14	〔6〕	年	〔ian〕
15	〔1〕	年	〔ian〕

　　〈春風吻上我的臉〉共十五個樂句，以四個段落分析：一至三之樂句結束音為〔5〕、〔2〕、〔5〕，樂句相應位置的歌詞分別為「臉」、「天」、「眠」，〔ian〕韻；四至六樂句結束音為〔5〕、〔2〕、〔1〕，樂句相應位置的歌詞分別為「臉」、「天」、「前」，〔ian〕韻；七至十樂句結束音為〔3〕、〔2〕、〔6〕、〔2〕，樂句相應位置的歌詞分別為「間」、「見」、「邊」、「臉」，〔ian〕韻；十一至十五樂句結束音為〔5〕、〔2〕、〔2〕、〔6〕、〔1〕，樂句相應位置的歌詞分別為「臉」、「天」、「妍」、「年」、「年」，〔ian〕韻。第一、二段樂句結束音之「曉」、「好」二字之音同為〔Re〕，並不在調式主音，可不押韻。故，全首可視為〔ian〕韻到底，且考慮介音之歌曲。

　　〈春風吻上我的臉〉創作年代為一九五六年，與〈世界像一座彩屋〉均為 AABA 之歌曲，亦具有 A 段一、二、四句均押韻，第三句不押韻的整齊形式，然，本譜僅於前面的兩個 A 段出現此形式，最後 A 段「妍」乃韻腳字，儘管無法研判詞人是否依律詩概念押韻，但詞人對韻腳講究，則可以肯定。

　　詞人對押韻的態度，並不一定遵守詩韻規則，講究的詞人卻極有概念並能自律，李鑫等人關於詞曲的要求，強調兩者契合能達到順暢效果，即使這些樂評人，並沒有提出押韻的方式該如何進行，卻已對詞曲態度提出相合看法。其他創作者能在韻腳上做到一韻到底，已具聲韻概念，至於有介音、無介音之差異、效果、作用，皆為創作者對歌曲講究與否，及音樂美感要求的態度，如此歌曲鮮為少見，當今創作者雖已將押韻做為填詞之基本要求，惟韻腳皆寬矣。

二、不考慮介音之一韻到底

　　一韻到底之歌曲能在樂句結束音，全押尾韻相同之韻腳字，可算注重押韻，若韻字落在調式主音上，則為詞、曲相合，亦為整齊之一韻到底，這類不考慮介音的歌曲占多數，如，如譜例三-10～三-13四首，皆為不論介音，一韻到底之例：

【譜例三-10】〈南屏晚鐘〉〔註28〕

南屏晚鐘
唱 崔萍

詞 陳蝶衣 曲 王福齡
飛利浦唱片 1959年

〔註28〕崔萍：《南屏晚鐘‧南屏晚鐘》（香港：飛利浦唱片公司，1959年）。

```
|2 - |2 - |2 1̇|1̇ 6̇|1̇ - |1̇ - |1̇ 1̇|1̇ 6̇|5̇ -|
 中。          南 屏 晚 鐘，       隨 風 飄

|5̇ - |5̇ - |5̇ - |0 5̇|3̇ 5̇·5̇ 6̇ 0 5̇|6̇ 5̇·3̇ 2̇·1̇6̇|
 送。          它  好 像 是 催，呀 催 醒 我 相 思

|2 - |2 - |2 - |2 5̇|1̇ 1̇·2̇ 3̇ 5̇|6̇ 5̇ |3̇ -|
 夢。          它  催 醒 了 我 的  相 思 夢，

|2 2̇·1̇ 2̇·1̇6̇|5̇ - |5̇ 5̇|1̇ 1̇·2̇ 3̇ 5̇|6̇ 5̇|3̇· 3̇|
 相 思 有 什 麼 用。  我  走 出 了 叢 叢 森  林，又

|2 2̇·1̇ 6̇ 5̇|1̇ - |1̇ 5̇|1̇ - |1̇ - |     ‖
 看 到 了 夕 陽  紅。
```

表三-14　〈南屏晚鐘〉詞曲押韻分析表

樂句數	樂句結束音	歌詞	韻部	尾韻
1	〔5̣〕	叢	〔uŋ〕	〔əŋ〕
2	〔2̣〕	風	〔əŋ〕	〔əŋ〕
3	〔5̣〕	叢	〔uŋ〕	〔əŋ〕
4	〔1〕	鐘	〔uŋ〕	〔əŋ〕
5	〔5̣〕	送	〔uŋ〕	〔əŋ〕
6	〔2̣〕	中	〔uŋ〕	〔əŋ〕
7	〔5̣〕	送	〔uŋ〕	〔əŋ〕
8	〔2̣〕	夢	〔əŋ〕	〔əŋ〕
9	〔5̣〕	用	〔əŋ〕	〔əŋ〕
10	〔1〕	紅	〔uŋ〕	〔əŋ〕

＊資料說明：以下皆為不考慮介音之歌曲，除列韻部外，亦陳列尾韻，以尾韻分析歌
　　　　　曲押韻概況。

　　〈南屏晚鐘〉共十個樂句，為兩小節為一拍的曲調。第一個樂句位於第
八小節，其結束音為〔5̣〕，它是個樂句，歌詞相應的是「叢」字，〔əŋ〕韻；
第二樂句結束音為〔2̣〕，相應歌詞為「風」，〔əŋ〕韻。之後的第三、四兩
樂句重覆前兩個樂句的主題材料，歌詞均於樂句位置押〔əŋ〕韻。其餘曲調
與歌詞相應之說明以上圖示之。就押韻整齊面，此首押韻皆在上下五度音之
處，韻腳位置在〔Do〕、〔Sol〕、〔Re〕的〔Do〕調式曲調，十分標準之譜例，
其標準在於，配合樂句結束時歌詞押韻，且一韻到底。再如：

【譜例三-11】〈今宵多珍重〉〔註29〕

今宵多珍重

唱 崔萍

詞 林達 曲 王福齡

飛利浦唱片 1959年

表三-15　〈今宵多珍重〉詞曲押韻分析表

樂句數	樂句結束音	歌詞	韻部	尾韻
1	〔5〕	濃	〔uŋ〕	〔əŋ〕
2	〔2〕	朦	〔əŋ〕	〔əŋ〕
3	〔5〕	濃	〔uŋ〕	〔əŋ〕
4	〔1〕	衷	〔uŋ〕	〔əŋ〕
5	〔3〕	送	〔uŋ〕	〔əŋ〕

〔註29〕崔萍：《夜上海精選四‧今宵多珍重》（香港：百代唱片公司，1961年）。

6	〔2̣〕	重	〔uŋ〕	〔əŋ〕
7	〔5̣〕	東	〔uŋ〕	〔əŋ〕
8	〔1〕	中	〔uŋ〕	〔əŋ〕

〈今宵多珍重〉與〈南屏晚鐘〉同為 AABA 曲式，共八個樂句，就樂句分析，樂句結束音為〔5̣〕、〔2〕、〔5̣〕、〔1〕、〔3〕、〔2〕、〔5̣〕、〔1〕，樂句相應位置的歌詞分別為「濃」、「朦」、「濃」「衷」、「送」、「重」、「東」、「中」，〔əŋ〕韻；以押韻觀之，此首唯「朦」一字押〔əŋ〕韻，餘皆押〔uŋ〕韻，因不考慮介音，以〔əŋ〕韻為韻腳。流行歌曲一韻到底之判定，並不需要句句押韻，若樂句結束音並非主音、屬音、下屬音，仍視為一韻到底，如〈岷江夜曲〉：

【譜例三-12】〈岷江夜曲〉 〔註30〕

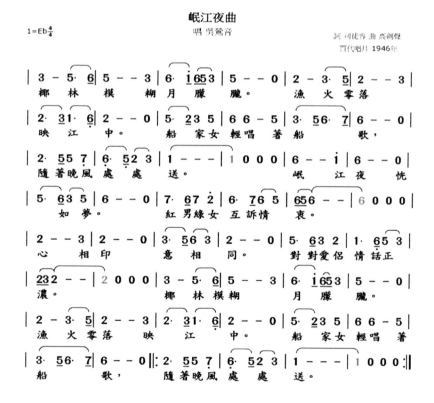

表三-16 〈岷江夜曲〉詞曲押韻分析表

樂句數	樂句結束音	歌 詞	韻 部	尾 韻	備 註
1	〔5〕	朧	〔uŋ〕	〔əŋ〕	
2	〔2〕	中	〔uŋ〕	〔əŋ〕	
3	〔6〕	歌	〔ɤ〕	〔ɤ〕	⊙
4	〔1〕	送	〔uŋ〕	〔əŋ〕	
5	〔5〕	夢	〔əŋ〕	〔əŋ〕	
6	〔6〕	衷	〔uŋ〕	〔əŋ〕	
7	〔2〕	同	〔uŋ〕	〔əŋ〕	
8	〔2〕	濃	〔uŋ〕	〔əŋ〕	
9	〔5〕	朧	〔uŋ〕	〔əŋ〕	
10	〔2〕	中	〔uŋ〕	〔əŋ〕	
11	〔6〕	歌	〔ɤ〕	〔ɤ〕	⊙
12	〔1〕	送	〔uŋ〕	〔əŋ〕	

　　〈岷江夜曲〉共有十二個樂句，此曲為 ABA 形式之歌曲，形式更簡單，其韻腳位置在〔Do〕、〔Sol〕、〔Re〕、〔Mi〕的〔Do〕調式曲調，樂句結束音為〔5〕、〔2〕、〔6〕、〔1〕、〔5〕、〔6〕、〔2〕、〔2〕、〔5〕、〔2〕、〔6〕、〔1〕；樂句相應位置的歌詞分別為「朧」、「中」、「歌」、「送」、「夢」、「衷」、「同」、「濃」、「朧」、「中」、「歌」、「送」，其中「歌」字並非調式音，此處可不押韻，全首可視作〔əŋ〕韻到底。

　　另一首〔əŋ〕韻到底之名曲〈魂縈舊夢〉則句句押韻，馬世芳說〈魂縈舊夢〉是白光的不朽名曲，後世幾位堪稱「歌后級」的姚蘇蓉、冉肖玲、鳳飛飛、蔡琴也唱過，足見經典地位，白光的原唱版錄於一九四八年國共內戰時期，〔註31〕為本文收錄一九四九年前之譜例。

〔註31〕參閱馬世芳於其個人網站「小日子」發表之〈這句歌詞唱錯了〉。（http://www.oneday.com.tw/），2016 年 12 月 4 日檢索。

【譜例三-13】〈魂縈舊夢〉〔註32〕

魂縈舊夢

唱 白光

詞 水西村 曲 侯湘
百代唱片 1948年3月

$1=C\frac{4}{4}$

花落水流，　春去無蹤。

只剩下遍地，　醉人東風。

桃花時節，　露滴梧桐。

那正是深閨，　話長情濃。

青春　一　去　永不重　逢。
青　一　去　永不重　逢

海角　天涯　無　影無
海角　天涯　無　影無

蹤。燕飛蝶舞，　各奔西東。
蹤斷無訊息　石榴般紅

滿眼是春色，　酥人心胸。
卻偏是昨夜　魂縈舊夢

表三-17　〈魂縈舊夢〉詞曲押韻分析表

樂句數	樂句結束音	歌詞	韻部	尾韻
1	〔6〕	蹤	〔uŋ〕	〔əŋ〕

〔註32〕白光：《魂縈舊夢・魂縈舊夢》（上海：百代公司，1946年）。

2	〔 2 〕	風	〔əŋ〕	〔əŋ〕
3	〔 6̣ 〕	桐	〔uŋ〕	〔əŋ〕
4	〔 1 〕	濃	〔uŋ〕	〔əŋ〕
5	〔 3 〕	逢	〔əŋ〕	〔əŋ〕
6	〔 2 〕	蹤	〔uŋ〕	〔əŋ〕
7	〔 6̣ 〕	東	〔uŋ〕	〔əŋ〕
8	〔 1 〕	胸	〔uŋ〕	〔əŋ〕

此首共有八個樂句，分析表僅採第一段歌詞分析。〈魂縈舊夢〉韻腳位置在〔Do〕、〔Sol〕、〔Re〕、〔Mi〕的〔Do〕調式曲調，樂句結束音爲〔6̣〕、〔2〕、〔6̣〕、〔1〕、〔3〕、〔2〕、〔6̣〕、〔1〕，樂句相應位置的歌詞分別爲「蹤」、「風」、「桐」、「濃」、「逢」、「蹤」、「東」、「胸」，於不考慮介音下，押〔əŋ〕韻。

三-10 至三-13 爲一九四六至一九六一年暢銷歌曲，皆自上海時期流行至港臺，這些四、五〇年代的流行歌曲特色，均以曲式簡單、旋律重覆性高的形式爲主，如 ABA、AABA 之曲式，歌詞押韻整齊。

本文探討過程中，觀察各年代流行歌曲的押韻現象，詞人已不太考慮介音，即使創作量達百首以上的劉家昌、李宗盛、方文山等人亦如此，實爲普遍，原因除詞人的講究度不高外，若考慮介音，使用的韻字勢必減少，在不多韻字中填詞，某些字出現頻率高，用韻將變得窄小。上述四首雖已不考慮介音，重複之字不少，如「中」（〈南屏晚鐘〉、〈今宵多珍重〉、〈岷江夜曲〉）；「送」（〈南屏晚鐘〉、〈今宵多珍重〉、〈岷江夜曲〉）；「濃」（〈今宵多珍重〉、〈岷江夜曲〉、〈魂縈舊夢〉）；「夢」（〈南屏晚鐘〉、〈岷江夜曲〉），亦有用韻窄化之現象，若考慮介音，又詞人學問不足，能替換之字有限，窄化情況將更明顯。

三、韻腳通押之一韻到底

根據王力《漢語詩律學》論及古風「通韻」是「偶然出韻」、「主從通韻」、「等立通韻」，並不純然因爲取其韻寬，少受拘束，強調古風用韻仍是嚴格。[註33] 古代詩詞押韻本有通押現象，流行歌詞並沒有規定須進行押韻，詞、曲關係相互配合是自然之事，結果僅有合不合、動聽與否之別，因此採用寬

〔註33〕王力：《漢語詩律學》（臺北：樂天書局，1975 年 3 月 1 日），頁 330～335。

韻並非偶然出韻，而是普遍現象，因此寬韻的功能，可讓押韻進行時，少受拘束。茲舉兩組通押歌曲論之。

（一）〔i〕、〔y〕韻通押之一韻到底

【譜例三-14】〈梅蘭梅蘭我愛你〉〔註34〕

梅蘭梅蘭我愛你

唱 陳芬蘭

詞 林煌坤 曲 劉家昌
麗歌唱片 1971年

〔註34〕陳蘭麗：《梅蘭梅蘭我愛你·梅蘭梅蘭我愛你》（臺北：麗歌唱片，1971年）。

表三-18　〈梅蘭梅蘭我愛你〉詞曲押韻分析表

樂句數	樂句結束音	歌詞	韻 部	尾 韻	備 註
1	〔3〕	你	〔i〕	〔i〕	
2	〔2〕	迷	〔i〕	〔i〕	
3	〔6〕	綠	〔y〕	〔y〕	〔i〕〔y〕通押
4	〔3〕	你	〔i〕	〔i〕	
5	〔3〕	你	〔i〕	〔i〕	
6	〔2〕	迷	〔i〕	〔i〕	
7	〔6〕	綠	〔y〕	〔y〕	〔i〕〔y〕通押
8	〔1〕	你	〔i〕	〔i〕	
9	〔6〕	你	〔i〕	〔i〕	
10	〔6〕	息	〔i〕	〔i〕	
11	〔2〕	你	〔i〕	〔i〕	
12	〔5〕	起	〔i〕	〔i〕	
13	〔3〕	你	〔i〕	〔i〕	
14	〔2〕	迷	〔i〕	〔i〕	
15	〔6〕	綠	〔y〕	〔y〕	〔i〕〔y〕通押
16	〔1〕	你	〔i〕	〔i〕	

　　四、五〇年代 AABA 曲式的歌曲，在歌壇流行許久，這類四段形式之歌曲，通常第一、二段句式、字數、押韻均相同，到了第三段副歌會有一處高潮轉折，末段又回到第一、二段模式，〈梅蘭梅蘭我愛你〉為七〇年代劉家昌之名作，依舊採取此種曲式，可見其易唱、易學、難忘記之特質，幾乎為歌曲流傳度之公式。有人評論劉家昌的歌曲有些類似兒歌的情歌，歌詞不多，曲式單純，反覆兩三次便能蘊釀一種意境，〔註35〕，而押韻反覆，則有記憶作用，增加傳唱度。

　　此曲第一段一至八樂句結束音為〔3〕、〔2〕、〔6〕、〔3〕、〔3〕、〔2〕、〔6〕、〔1〕，樂句相應位置之歌詞別為「你」、「迷」、「綠」、「你」、「你」、「迷」、「綠」、「你」，押〔i〕、〔y〕韻；第九至十二樂句結束音為〔6〕、〔6〕、〔2〕、〔5〕，樂句相應位置之歌詞分別為「你」、「息」、「你」、「起」押〔i〕韻；第

[註35] 陳建志：《未來感》（臺北：聯合文學出版社，2008 年 7 月 7 日），頁 76。

十三至十六樂句結束音為〔3〕、〔2〕、〔6〕〔1〕，樂句相應位置之歌詞分別為「你」、「迷」、「綠」、「你」押〔i〕、〔y〕韻。

　　歌曲之「綠」為〔y〕韻，但〔i〕、〔y〕為通押之韻腳字，故實為一韻到底之歌曲，且用韻整齊。國語流行歌曲〔i〕、〔y〕韻經常混押使用，以下茲舉三-15 至三-17 三首譜例說明：

【譜例三-15】〈讓我們看雲去〉〔註36〕

讓我們看雲去

表三-19　〈讓我們看雲去〉詞曲押韻分析表

樂句數	樂句結束音	歌詞	韻部	尾韻	備註
1	〔3〕	泣	〔i〕	〔i〕	
2	〔7〕	意	〔i〕	〔i〕	
3	〔3〕	息	〔i〕	〔i〕	
4	〔2〕	鬱	〔y〕	〔y〕	〔i〕〔y〕通押
5	〔6〕	息	〔i〕	〔i〕	
6	〔7〕	泣	〔i〕	〔i〕	

〔註36〕陳明韶：《我唱你和金韻獎合唱專輯・讓我們看雲去》（臺北：新格實業股份有限公司，1981 年）。

| 7 | 〔6〕 | 意 | 〔i〕 | 〔i〕 | |
| 8 | 〔i〕 | 去 | 〔y〕 | 〔y〕 | 〔i〕〔y〕通押 |

　　〈讓我們看雲去〉為校園民歌時期之作，此時期作者多為大學生，曲風簡單清新，詞意樸素，歌曲也留意押韻，但韻腳通押之情況，則與一般流行歌曲相似，第一段一至四樂句結束音為〔3〕、〔7〕、〔3〕、〔2〕，樂句相應位置之歌詞別為「泣」、「意」、「息」、「鬱」，押〔i〕、〔y〕韻；第二段五至八樂句結束音為〔6〕、〔7〕、〔6〕、〔i〕，樂句相應位置之歌詞別為「息」、「泣」、「意」、「去」，押〔i〕、〔y〕韻。

【譜例三-16】〈無言的結局〉〔註37〕

無言的結局

1=Bb 4/4　　唱 林淑蓉、李茂山　　　　　　詞 卡斯 曲 劉明瑞　飛羚唱片 1986年

曾經是對你說過這是個無言的結局。
隨著那歲月淡淡而去。
我曾經說過如果有一天，我將會離開你。
臉上不會有淚滴。
但我要如何如何能停止再次想你。我
怎麼能夠怎麼能夠埋葬一切回憶。啊
讓我再看看你，讓我再說愛你。別
將你背影離去。
分手時候說分手，請不要說難忘記。

〔註37〕李茂山、林淑蓉：《無言的結局·無言的結局》（臺北：飛羚唱片公司，1986年）。

表三-20　〈無言的結局〉詞曲押韻分析表

樂句數	樂句結束音	歌　詞	韻　部	尾　韻	備　註
1	〔2〕	局	〔y〕	〔y〕	〔i〕〔y〕通押
2	〔2〕	去	〔y〕	〔y〕	〔i〕〔y〕通押
3	〔2〕	你	〔i〕	〔i〕	
4	〔1〕	滴	〔i〕	〔i〕	
5	〔5〕	你	〔i〕	〔i〕	
6	〔5〕	憶	〔i〕	〔i〕	
7	〔i〕	你	〔i〕	〔i〕	
8	〔2̇〕	去	〔y〕	〔y〕	〔i〕〔y〕通押
9	〔5〕	記	〔i〕	〔i〕	
10	〔5〕	去	〔y〕	〔y〕	〔i〕〔y〕通押
11	〔i〕	你	〔i〕	〔i〕	
12	〔i〕	許	〔y〕	〔y〕	〔i〕〔y〕通押

　　〈無言的結局〉為暢銷流行歌曲，〔i〕、〔y〕幾乎貫穿全首，一至十二樂句結束音為〔2〕、〔2〕、〔2〕、〔1〕、〔5〕、〔5〕、〔i〕、〔2̇〕、〔5〕、〔5〕、〔i〕、〔i〕，樂句相應位置之歌詞別為「局」、「去」、「你」、「滴」、「你」、「憶」、「你」、「去」、「記」、「去」、「你」、「許」，押〔i〕、〔y〕韻。這是當年暢銷的男女對唱曲，聽眾接受度頗高，發行至今仍高居臺灣 KTV 排行點唱曲，〔註38〕本文分析其旋律起伏流暢，歌詞韻腳相近，易學易唱之下，廣為傳唱。

〔註38〕張詮：《中華日報新聞網・無言的結局，男女命不同》（臺北：中華日報新聞網，
　　　　2016 年 7 月 5 日）。（http://www.cdns.com.tw/news.php?n_id=6&nc_id=103637）
　　　　2017 年 5 月 30 日檢索。該曲至二○一七年止已發行三十年，聽眾喜愛度不減。

　　由〈梅蘭梅蘭我愛你〉、〈讓我們看雲去〉、〈無言的結局〉三首分屬七〇、八〇年代歌曲，曲風及詞意截然不同，世代雖有差異，但共同現象是，市場接受、流傳度久遠，以及皆使用〔i〕、〔y〕通押韻。因此，押韻讓歌曲有固定節奏感，即使通押，效果相同再如〈亞細亞的孤兒〉：

【譜例三-17】〈亞細亞的孤兒〉 〔註39〕

亞細亞的孤兒
唱 羅大佑
詞 曲 羅大佑
1987年 滾石唱片

〔註39〕羅大佑：《未來的主人翁‧亞細亞的孤兒》（臺北：滾石有聲出版社有限公司，1987年）。

表三-21　〈亞細亞的孤兒〉詞曲押韻分析表

樂句數	樂句結束音	歌詞	韻部	尾韻	備註
1	〔5〕	泣	〔i〕	〔i〕	
2	〔2〕	泥	〔i〕	〔i〕	
3	〔2〕	懼	〔y〕	〔y〕	〔i〕〔y〕通押
4	〔1〕	曲	〔y〕	〔y〕	〔i〕〔y〕通押
5	〔5〕	題	〔i〕	〔i〕	
6	〔2〕	息	〔i〕	〔i〕	
7	〔2〕	去	〔y〕	〔y〕	〔i〕〔y〕通押
8	〔1〕	理	〔i〕	〔i〕	
9	〔5〕	泣	〔i〕	〔i〕	
10	〔2〕	戲	〔i〕	〔i〕	
11	〔2〕	具	〔y〕	〔y〕	〔i〕〔y〕通押
12	〔1〕	泣	〔i〕	〔i〕	

　　〈亞細亞的孤兒〉，其一至十二樂句結束音爲〔5〕、〔2〕、〔2〕、〔1〕、〔5〕、〔2〕、〔2〕、〔1〕、〔5〕、〔2〕、〔2〕、〔1〕，樂句相應位置之歌詞別爲「泣」、「泥」、「懼」、「曲」、「題」「息」、「去」、「理」、「泣」、「戲」、「具」、「泣」，押〔y〕、〔i〕韻。整首歌曲爲〔y〕〔i〕通押韻。

　　通押是韻腳寬押的現象，〔y〕韻無論唱輕、或拉長音均能產生〔i〕韻效果。

　　以上幾首譜例爲七〇與八〇年代之歌曲，然，〔y〕、〔i〕通押情形並未消弱，八〇至二〇一六年代皆有當紅歌曲印證此觀察，〔註40〕〔y〕、〔i〕在古音並不通押，但國語流行歌曲如今均通押，這幾首歌曲於本文寬押定義下，

〔註40〕八〇至二〇〇〇後〔y〕、〔i〕通押之流行歌曲：如，〈好想你〉（張尚喬／西洋歌曲／金瑞瑤／歌林唱片／1984），「語」、「去」字與〔i〕韻通押；〈大約在冬季〉（齊秦／齊秦／齊秦／滾石唱片／1991），「去」字與〔i〕韻通押；〈青花瓷〉（方文山／周杰倫／周杰倫／新力博德曼公司／2007），「局」、「綠」、「去」字與〔i〕韻通押；〈如果我們不曾相遇〉（阿信／阿信／五月天／相信音樂／2016），「曲」、「懼」字與〔i〕韻通押；〈我們的總和〉（艾怡良／艾怡良／艾怡良／索尼唱片／2016），「題」、「去」、「癒」、「己」，該曲於二〇一七年第二十八屆入圍金曲獎最佳作詞、作曲、年度歌曲、最佳編曲四個項目。

均可視爲一韻到底之歌曲。

（二）〔ɤ〕、〔o〕（含介音〔io〕〔uo〕）、〔ou〕（含介音〔iou〕）之
通押韻〔o〕、〔ɤ〕、〔ou〕韻通押之情形亦為多，如〈小城故
事〉：

【譜例三-18】〈小城故事〉 [註41]

小城故事

唱 鄧麗君

詞 莊奴 曲 湯尼
歌林唱片 1979年

表三-22　〈小城故事〉詞曲押韻分析表

樂句數	樂句結束音	歌詞	韻部	尾韻	備註
1	〔6〕	多	〔uo〕	〔o〕	〔o〕〔ɤ〕通押
2	〔3〕	樂	〔ɤ〕	〔ɤ〕	

〔註41〕鄧麗君：《小城故事·小城故事》（臺北：歌林唱片，1979年）。

3	〔1〕	多	〔uo〕	〔o〕	〔o〕〔ɤ〕通押
4	〔6〕	畫	〔ua〕	〔ua〕	⊙
5	〔3〕	歌	〔ɤ〕	〔ɤ〕	
6	〔1〕	括	〔ua〕	〔o〕	選唱〔uo〕韻
7	〔5〕	說	〔uo〕	〔o〕	〔o〕〔ɤ〕通押
8	〔6〕	錯	〔uo〕	〔o〕	〔o〕〔ɤ〕通押
9	〔1〕	客	〔ɤ〕	〔ɤ〕	

　　〈小城故事〉之歌詞亦爲兩大段落，第一段一至六樂句結束音爲〔6〕、〔3〕、〔1〕、〔6〕、〔3〕、〔1〕樂句相應位置之歌詞別爲「多」、「樂」、「多」、「畫」、「歌」、「括」，押〔uo〕、〔ɤ〕韻，其中「括」應爲〔ua〕韻，鄧麗君將之唱成〔uo〕韻，爲求押韻而選唱〔uo〕音。第二段七至九樂句結束音同爲〔5〕、〔6〕、〔1〕，樂句相應位置之歌詞分別爲「說」、「錯」、「客」押〔uo〕、〔ɤ〕韻。

　　此首韻腳看似不齊，但先前於定義上不考慮介音，由分析表可見其爲〔o〕、〔ɤ〕通押，亦爲整齊之句句押韻歌曲，此處可視爲流行歌曲韻腳寬押現象。

【譜例三-19】〈動不動就說愛我〉〔註42〕

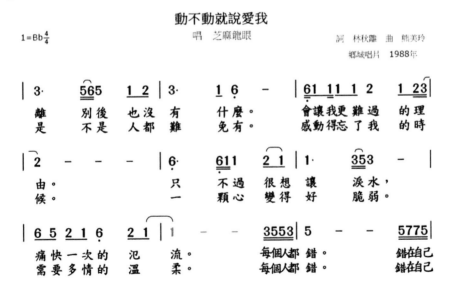

〔註42〕芝麻龍眼：《芝麻與龍眼·動不動就說愛我》（臺北：鄉城唱片，1988年）。

```
                                                                      ※
| 6·    6̂5̂6  -  | 0 i i i̇ 2̇ i̇  3 | 5  -  -  i̇ 6 ‖
  太     成 熟。        輕 易 讓 愛 上  心  頭。        動 不
  無     保 留。        輕 易 讓 愛 上  心  頭。

| i̇ i̇ i̇ 2̇ i̇  5 6 | i̇ i̇ i̇· 6 3  6 3 | 2·    2 2 1 6 |
  動 就 說 愛 我，誰 又  量 過 愛  多 久。才 能  當   作 一 生 的

| 3 5̂ 5  -  i̇ 6 | i̇ i̇ i̇ 2̇ i̇  5 6 | i̇ i̇ i̇ 6 3  6 i̇ |
  承 諾。      留 不  留 你 又 如 何，一 旦  塵 埃 落  地 後。就 讓

| 2·    i̇  5  5 6 i̇ 2̇ i̇ | i̇  -  -  -  ‖
  淚     水  洗 清 我 傷  口。
```

表三-23 〈動不動就說愛我〉詞曲押韻分析表

樂句數	樂句結束音	歌詞	韻部	尾韻	備註
1	〔6〕	麼	〔o〕	〔o〕	〔o〕〔ou〕通押
2	〔2〕	由	〔ou〕	〔ou〕	
3	〔3〕	水	〔uei〕	〔uei〕	⊙
4	〔1〕	流	〔iou〕	〔ou〕	
5	〔5〕	錯	〔uo〕	〔o〕	〔o〕〔ou〕通押
6	〔6〕	熟	〔ou〕	〔ou〕	
7	〔5〕	頭	〔ou〕	〔ou〕	
8	〔3〕	久	〔iou〕	〔ou〕	
9	〔5〕	諾	〔uo〕	〔o〕	〔o〕〔ou〕通押
10	〔3〕	後	〔ou〕	〔ou〕	
11	〔i〕	口	〔ou〕	〔ou〕	
12	〔6〕	有	〔ou〕	〔ou〕	
13	〔2〕	候	〔ou〕	〔ou〕	
14	〔3〕	弱	〔uo〕	〔o〕	〔o〕〔ou〕通押
15	〔1〕	柔	〔ou〕	〔ou〕	
16	〔5〕	錯	〔uo〕	〔o〕	〔o〕〔ou〕通押
17	〔6〕	留	〔iou〕	〔ou〕	
18	〔5〕	頭	〔ou〕	〔ou〕	

　　〈動不動就說愛我〉共有十八個樂句，一至四之樂句結束音爲〔6〕、〔2〕、〔3〕、〔1〕，樂句相應位置的歌詞分別爲「麼」、「由」、「水」、「流」，「水」不在調式主音上，可不押韻，不考慮介音下，分別押〔o〕及〔ou〕韻；五至七之樂句結束音爲〔5〕、〔6〕、〔5〕，樂句相應位置的歌詞分別爲「錯」、「熟」、「頭」，不考慮介音下，分別押〔o〕及〔ou〕韻；八至十一之樂句結束音爲〔3〕、〔5〕、〔3〕、〔i〕，樂句相應位置的歌詞分別爲「久」、「諾」、「後」、「口」，不考慮介音下，分別押〔o〕及〔ou〕韻；十二至十五之樂句結束音爲〔6〕、〔2〕、〔3〕、〔1〕，樂句相應位置的歌詞分別爲「有」、「候」、「弱」、「柔」，不考慮介音下，分別押〔o〕及〔ou〕韻；十六至十八之樂句結束音爲〔5〕、〔6〕、〔5〕，樂句相應位置的歌詞分別爲「錯」、「留」、「頭」，不考慮介音下，分別押〔o〕及〔ou〕韻。

　　其他〔o〕〔ou〕通押歌曲如，〈永遠不回頭〉（陳樂融／陳志遠／王傑、張雨生等／飛碟唱片／一九八九），「求」、「頭」、「我」字通押；〈敲敲我的頭〉（劉偉仁／劉偉仁／彭佳慧／巨石唱片／一九九八），「頭」、「我」、「錯」字通押。

　　事實上流行音樂創作者對於韻腳通押應該很早就有意識，文學作家張大春和流行歌曲的合作在八〇年代起，他曾和音樂人李壽全對詞通押進行爭論：

　　　　李壽全和我幾乎不討論詞義宗旨，只討論修辭技術，比方說：押韻。他認爲：ㄢ、ㄤ也是可以通押的，ㄛ、ㄡ是可以通押的。我在三十多年以後還記得他圈著嘴發出各種聲音，不斷嘟囔著：「很接近啊？很接近啊？爲甚麼不可以呢？」非常不服氣的表情。〔註43〕

流行歌曲對於押韻無固定原則，但絕大多數詞人仍遵循韻腳相合之方式，儘即使韻腳寬押普遍，作家仍朝韻腳處塡詞，無論不考慮介音、通押，若能沾上韻腳便爲相合，李壽全爲唱片製作人及音樂創作者，詞作並不多，但對歌詞通押意識似乎早有看法，韻腳對音樂創作者而言並不如文學作家來得嚴格，其要求如同引文中接近或有何不可貼合，因此〔ai〕〔ei〕〔e〕、〔o〕〔ɤ〕、〔i〕〔y〕、〔ən〕〔əŋ〕、〔an〕〔aŋ〕等韻腳於歌曲中經常混搭，均可視作歌詞押韻字看待便能有所理解。

〔註43〕張大春，〈模糊的未來與等待——我們在麥天裡的那些光景〉2016 年 7 月 26 日。（https://www.facebook.com/profile.php?id=1003445349&fref=nf），2016 年 7 月 28 日檢索。

第四節　換　韻

　　因聲律說出現，產生了形式較爲規範的詩，如近體詩，其固定形式，使得詩的發展朝向整齊，又如律詩大多一韻到底。〔註44〕聲律說之前，古體詩除一韻到底外，亦可換韻，且方式頗多，如，兩句一韻或四句換韻，用韻自由。

　　換韻能讓詩歌曲表現豐富，又如近體詩排律可換韻，宋詞〈菩薩蠻〉則兩句一換韻，全詞八句用四個韻，相較一韻到底來得有變化。流行歌曲沒有字數、句數限制，也無規定韻腳，以歌曲發展觀察，歌曲押韻之作仍佔多數，方式亦屬眾多。本章第一節探討一韻到底，爲歌曲例子最多的押韻方式，本節將從非一韻到底論述換韻現象，茲將換韻方式分爲「段落換韻」、「換片換韻」兩大類進行分析。

一、段落換韻

　　流行歌曲如何界定其段落，並無規則依循，通常以歌詞文意到達一個段落，即可視之，段落結束後進行換韻，則爲段落換韻，換韻後若調式同時轉換，則爲較理想之換韻方式；詞意若不易分析段落，可由音樂段落判斷。〔註45〕茲舉三-20至三-25五首，沒有通押之理想換韻譜例說明。

【譜例三-20】〈相思河畔〉〔註46〕

相思河畔
唱 崔萍

詞 紀云程 曲 暹羅民謠
百代唱片1962年

〔註44〕臺靜農：《中國文學史》（臺北：臺灣大學出版中心，2009年12月），頁222。
〔註45〕吳祖強：《曲式與作品分析》（北京：人民音樂出版社，2003年6月），頁74。
〔註46〕崔萍：《相思河畔・相思河畔》（臺北：百代唱片，1962年）。

| 3· #23 － | 05#456 65 | 4 ‿ 34543 | 2· 17134 |
| 春　尚在， | 為什麼毀褪了 殘 | | 紅。啊人生本 |

| 3· 2 － 2 | 05123434 | 5 ‿ 115· | 06165321 |
| 是 夢。 | 自從我相思河畔 別 | 了 你。 | 無限的痛苦埋在 |

| 3· 553· | 05 65643 | 2· 55 － | 03 45325 |
| 心 窩裡。 | 我 要輕輕地告 訴 | 你。 | 不 要把我忘 |

| 1 － － 0 ‖ |
| 記。（僅摘寫第一段） |

表三-24　〈相思河畔〉詞曲押韻分析表

樂句數	樂句結束音	歌 詞	韻 部	尾 韻
1	〔5〕	你	〔i〕	〔i〕
2	〔3〕	裡	〔i〕	〔i〕
3	〔5〕	你	〔i〕	〔i〕
4	〔1〕	記	〔i〕	〔i〕
5	〔5〕	楓	〔əŋ〕	〔əŋ〕
6	〔2〕	紅	〔uŋ〕	〔əŋ〕
7	〔2〕	夢	〔əŋ〕	〔əŋ〕
8	〔5〕	你	〔i〕	〔i〕
9	〔3〕	裡	〔i〕	〔i〕
10	〔5〕	你	〔i〕	〔i〕
11	〔1〕	記	〔i〕	〔i〕

＊換韻表格說明：換韻表格粗黑標線為換韻處。

　　〈相思河畔〉第一段一至四樂句結束音為〔5〕、〔3〕、〔5〕、〔1〕，樂句相應位置之歌詞分別由「你」、「裡」、「你」、「記」，押〔i〕韻；五至七樂句結束音為〔5〕、〔2〕、〔2〕，樂句相應位置之歌詞別由「楓」、「紅」、「夢」，押〔əŋ〕韻；八至十一樂句結束音為〔5〕、〔3〕、〔5〕、〔1〕，樂句相應位置之歌詞由「你」、「裡」、「你」、「記」，押〔i〕韻。就歌詞而言，〈相思河畔〉為 ABA 之形式，第三段與第一段之曲調、歌詞重覆，僅結尾不同，可視為換韻。

　　由粗黑線劃分換韻的分析，此首第一段落爲〔Do〕調式，其樂曲結束在〔Do〕、〔Mi〕、〔Sol〕三個音上面；第二段爲〔Re〕調式，調式由〔Do〕調式轉爲〔Re〕調式，同時換〔əŋ〕韻，此處換韻同時亦換調式，爲歌曲換韻之理想情況。其中「楓」字依曲譜觀看僅有一拍，在樂句結束處顯然較短，後面爲休止符，使其具有收束作用，產生押韻效果。

【譜例三-21】〈下一個男人也許會更好〉〔註47〕

下一個男人也許會更好

唱 曾慶瑜

詞 傅秋珍 曲 曹俊鴻
1988年 派森企業

表三-25　〈下一個男人也許會更好〉詞曲押韻分析表

樂句數	樂句結束音	歌 詞	韻 部	尾 韻
1	〔5〕	歎	〔ian〕	〔an〕

〔註47〕曾慶瑜：《下一個男人也許會更好・下一個男人也許會更好》（臺北：派森企業公司，1988 年）。

2	〔5〕	遠	〔an〕	〔an〕
3	〔5〕	邊	〔ian〕	〔an〕
4	〔2̇〕	緣	〔an〕	〔an〕
5	〔2̇〕	道	〔au〕	〔au〕
6	〔2̇〕	考	〔au〕	〔au〕

譜例中，第一個段落一至四樂句結束音為〔5〕、〔5〕、〔5〕、〔2̇〕，樂句相應位置之歌詞別由「歎」、「遠」、「邊」、「緣」，押〔an〕韻；第二段落五至六樂句結束音為〔2̇〕、〔2̇〕，樂句相應位置之歌詞別由「道」、「考」，押〔au〕韻，調式由〔La〕轉〔Re〕，同樣為段落換韻，同時進行轉調。

【譜例三-22】〈陪你一起老〉〔註48〕

陪你一起老

〔註48〕品冠：《疼你的責任‧陪你一起老》（臺北：滾石國際音樂股份有限公司唱片，2001年）。

表三-26 〈陪你一起老〉詞曲押韻分析表

樂句數	樂句結束音	歌詞	韻部	尾韻
1	〔3〕	哭	〔u〕	〔u〕
2	〔5〕	苦	〔u〕	〔u〕
3	〔3〕	輸	〔u〕	〔u〕
4	〔1〕	訴	〔u〕	〔u〕
5	〔3〕	乎	〔u〕	〔u〕
6	〔3〕	負	〔u〕	〔u〕
7	〔3〕	服	〔u〕	〔u〕
8	〔5〕	福	〔u〕	〔u〕
9	〔3〕	老	〔au〕	〔au〕
10	〔3〕	笑	〔au〕	〔au〕
11	〔1〕	攪	〔au〕	〔au〕
12	〔5〕	逃	〔au〕	〔au〕
13	〔3〕	老	〔au〕	〔au〕
14	〔3〕	笑	〔au〕	〔au〕
15	〔1〕	抱	〔au〕	〔au〕
16	〔1〕	道	〔au〕	〔au〕

　　〈陪你一起老〉第一段一至八樂句結束音為〔3〕、〔5〕、〔3〕、〔1〕、〔3〕、〔3〕、〔3〕、〔5〕，樂句相應位置之歌詞別由「哭」、「苦」、「輸」、「訴」、「乎」、「負」、「服」、「福」，押〔u〕韻；九至十六樂句結束音為〔3〕、〔3〕、〔1〕、〔5〕、〔3〕、〔3〕、〔1〕、〔1〕，樂句相應位置之歌詞別由「老」、「笑」、「攪」、「逃」、「老」、「笑」、「抱」、「道」，押〔au〕韻。

　　此首之段落換韻明顯，分成兩大段落，第一段落均押〔u〕韻，第二段落則押〔au〕韻，換韻同時，調式亦轉換。

【譜例三-23】〈心酸的浪漫〉〔註49〕

心酸的浪漫

唱 那英

1=D 4/4

詞 那英 曲 張宇
1998年 環球唱片

表三-27　〈心酸的浪漫〉詞曲押韻分析表

樂句數	樂句結束音	歌詞	韻部	尾韻
1	〔6̇〕	煙	〔ian〕	〔an〕

〔註49〕那英：《那英——心酸的浪漫‧心酸的浪漫》（臺北：科藝百代唱片，2000年）。

2	〔2〕	然	〔an〕	〔an〕
3	〔6̣〕	綿	〔ian〕	〔an〕
4	〔2〕	言	〔ian〕	〔an〕
5	〔5〕	掛	〔ua〕	〔a〕
6	〔1〕	他	〔a〕	〔a〕
7	〔2〕	啊	〔a〕	〔a〕
8	〔5〕	掛	〔ua〕	〔a〕
9	〔1〕	下	〔ia〕	〔a〕
10	〔1〕	啊	〔a〕	〔a〕

　　〈心酸的浪漫〉共有兩段換韻，第一段為前四句樂句，其結束音為〔6̣〕、〔2〕、〔6̣〕、〔2〕，樂句相應位置之歌詞分別有「煙」、「然」、「綿」、「言」，押〔an〕韻；第二段為五至十樂句，其結束音為〔5〕、〔1〕、〔2〕、〔5〕、〔1〕、〔1〕，樂句相應位置之歌詞分別有「他」、「掛」、「他」、「啊」、「他」、「掛」、「下」、「清」，押〔a〕韻，兩段落〔an〕換〔a〕韻，調式亦由〔La〕調式轉〔Do〕調式。

　　此首為第十二屆（二〇〇一年）金曲獎最佳作詞，填詞者那英亦同時獲得最佳國語女歌手獎，是第一位獲得該獎項之大陸歌手。那英邀請臺灣創作歌手張宇譜曲，那英在聽過旋律之後，將朋友的心情故事填上歌詞，為先有曲再進行填詞之歌曲。〔註 50〕歌者根據旋律填詞，整首詞整齊地在兩段落處，使用不同韻腳字，樂句位置亦為押韻處，填詞者本身即為演唱者，已顧慮演唱時詞意與旋律之配合，這和元稹「由樂以定詞」之創作方式相同，〔註 51〕先有樂曲再進行譜曲。二〇〇〇年後，可看見臺灣金曲獎對中國大陸流行歌手的重視，以及兩邊音樂人的合作現象，尤其第二十八屆（二〇一七年），中國大陸音樂人入圍金曲獎的比例，為二〇〇〇年後最高之一屆，〔註 52〕對國語流行歌曲之發展，有一定程度之影響。

〔註 50〕 參閱 KKBOX 專輯介紹。（https://www.kkbox.com/tw/tc/album/mTxL0HPd4bc PW.I0FANk008l-index.html），2016 年 12 月 4 日檢索。

〔註 51〕 〔唐〕元稹：〈樂府古題序〉，《元稹集》（北京市：中華書局，2000 年），頁 254。

〔註 52〕 參閱 Blow 吹音樂網路，〈論金曲：中國音樂人開始頻繁現身金曲名單所反映的事〉2017 年 5 月 23 日。（https://blow.streetvoice.com/）2017 年 5 月 27 日檢索。該報導指出，由第二十八屆金曲獎，中國音樂人入圍之情況，預測日後中國流行歌曲出現於金曲獎的比例將更頻繁，道出國語流行歌曲在臺灣優越地位將有所變化之隱憂。

【譜例三-24】〈小情歌〉〔註53〕

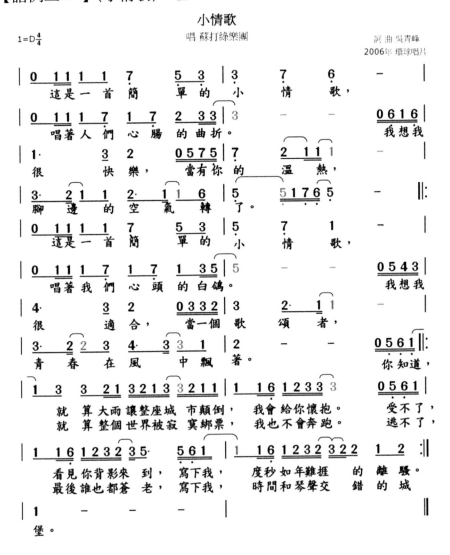

表三-28　〈小情歌〉詞曲押韻分析表

樂句數	樂句結束音	歌詞	韻部	尾韻
1	〔3〕	折	〔ɤ〕	〔ɤ〕
2	〔5〕	了	〔ɤ〕	〔ɤ〕
3	〔5〕	鴿	〔ɤ〕	〔ɤ〕
4	〔2〕	著	〔ɤ〕	〔ɤ〕

〔註53〕蘇打綠樂團：《小宇宙‧小情歌》（臺北：林暐哲音樂社，2006年）。

5	〔3〕	抱	〔au〕	〔au〕
6	〔2〕	騷	〔au〕	〔au〕
7	〔3〕	跑	〔au〕	〔au〕
8	〔1〕	堡	〔au〕	〔au〕

　　〈小情歌〉亦爲兩段落換韻歌曲，一至四樂句結束音爲〔3〕、〔5〕、〔5〕、〔2〕，樂句相應位置之歌詞分別由「折」、「了」、「鴿」、「著」押〔ɤ〕韻；第二段落，五至八樂句結束音爲〔3〕、〔2〕、〔3〕、〔1〕，樂句相應位置之歌詞分別由「抱」、「騷」、「跑」、「堡」，押〔au〕韻。

　　此爲蘇打綠樂團主唱吳青峰之創作，其於網誌描述，〈小情歌〉之旋律僅十分鐘完成，並同時塡入三分之一詞，最後由自己主唱。〔註 54〕此首第一段落可視爲換調式，一至五樂句爲〔Mi〕調式，六至十樂句爲〔Sol〕調式；第二段落，十一至十四樂句爲〔Sol〕調式，十五至二十樂句爲〔Do〕調式，兩段落押韻由〔ɤ〕換〔au〕韻。

　　本文認爲〈小情歌〉於副歌處轉韻乃意識所爲，「離騷」一詞與情歌意境並無關聯，但「騷」字置於副歌，卻完成第二段落〔au〕韻一致之效果，實爲刻意。至於換韻時轉變調式，吳青峰有無意識歌詞與曲調配合之問題無從得知，但兩個段落確實於換韻時，同時轉換調式，調式雖轉四次，但換韻時同時轉韻，亦可視爲段落換韻。

　　李宗盛則是另一位善於運用換韻的音樂人，〔əŋ〕、〔ən〕在流行歌曲經常通押，李宗盛則將兩個分別當成一個韻腳，不以通押視之，如，陳淑樺唱的〈問〉：

【譜例三-25】〈問〉〔註 55〕

〔註54〕摘自 360 度圖書館，蘇打綠所有歌詞創作背景。http://www.360doc.com/content/12/0131/13/8475062_183105654.shtml
〔註55〕陳淑樺：《愛的進行式・問》（臺北：滾石唱片，1993 年）。

誰　為你　感　動。　　如果女　人，總是等到

夜　深。無悔付出　青　春，他就會對你真。　　是否

女　人，永遠不要多　問。她最好永遠天真，　為她所愛

的　人。（以下略）

表三-29　〈問〉詞曲押韻分析表

樂句數	樂句結束音	歌　詞	韻　部	尾　韻
1	〔6〕	痛	〔uŋ〕	〔əŋ〕
2	〔3〕	中	〔uŋ〕	〔əŋ〕
3	〔1〕	懂	〔uŋ〕	〔əŋ〕
4	〔7〕	動	〔uŋ〕	〔əŋ〕
5	〔3〕	深	〔ən〕	〔ən〕
6	〔3〕	眞	〔ən〕	〔ən〕
7	〔3〕	問	〔ən〕	〔ən〕
8	〔6〕	人	〔ən〕	〔ən〕

　　〈問〉第一段一至六樂句結束音爲〔6〕、〔3〕、〔1〕、〔7〕，樂句相應位置之歌詞別由「痛」、「中」、「懂」、「動」，押〔əŋ〕韻；第二段七至十樂句結束音爲〔3〕、〔3〕、〔3〕、〔6〕，樂句相應位置之歌詞分別由「人」、「深」、「春」、「眞」，押〔ən〕韻；第三段十一至十四樂句結束音爲〔4〕、〔3〕、〔2〕、〔6〕，樂句相應位置之歌詞分別由「深」、「眞」、「問」、「人」，押〔ən〕韻。

　　〈問〉之段落換韻明顯，而〔əŋ〕、〔ən〕韻於流行歌曲中，幾乎爲通押韻，本文舉此例，乃因李宗盛第一段落皆以含介音之〔uŋ〕爲韻腳，第二段落則爲〔ən〕韻，〔əŋ〕、〔ən〕二者並未視爲通押，而分別作爲兩段落不同之換韻，作者選字若無留意〔əŋ〕、〔ən〕之別，並以介音區別，若爲巧合，亦爲少見。

　　上述八首歌曲之換韻，皆換兩個韻，通常副歌處便換韻，歌曲的換韻次數多寡，可看出作者押韻之講究，如〈香水有毒〉：

【譜例三-26】〈香水有毒〉〔註56〕

香水有毒

唱 胡陽林

詞・曲 陳超
北京吉神文化（新力博德電唱片）2007年

表三-30　〈香水有毒〉詞曲押韻分析表

樂句數	樂句結束音	歌詞	韻部	尾韻
1	〔5〕	人	〔ən〕	〔ən〕

〔註56〕胡楊林：《香水有毒・香水有毒》（臺北：新力博德曼音樂娛樂有限公司，2007年）。

2	〔2〕	門	〔ən〕	〔ən〕
3	〔5〕	人	〔ən〕	〔ən〕
4	〔1〕	唇	〔uən〕	〔ən〕
5	〔3〕	好	〔au〕	〔au〕
6	〔5〕	抱	〔au〕	〔au〕
7	〔i〕	罪	〔ei〕	〔ei〕
8	〔2̇〕	睡	〔uei〕	〔ei〕
9	〔i〕	卑	〔ei〕	〔ei〕
10	〔i〕	會	〔uei〕	〔ei〕

　　〈香水有毒〉共換三個韻，第一段一至四樂句結束音為〔5〕、〔2〕、〔5〕、〔1〕，樂句相應位置之歌詞別由「人」、「門」、「人」、「唇」，押〔ən〕韻；第二段五至六樂句結束音為〔3〕、〔5〕，樂句相應位置之歌詞別由「好」、「抱」，押〔au〕韻；第三段七至十樂句結束音為〔i〕、〔2̇〕、〔i〕、〔i〕，樂句相應位置之歌詞別由「罪」、「睡」、「卑」、「會」，押〔ei〕韻。

　　此首為中國大陸歌手陳超二〇〇七年之作，與那英〈心酸的浪漫〉皆為二〇〇〇年後之段落換韻歌曲。儘管流行歌曲段落換韻數量，不若一韻到底之例子多，而且段落換韻乃刻意押韻之創作方式，需考量不同段落之韻字，除非詞人有意識的操作，否則不易成為段落換韻之歌曲。

　　本文蒐集歌曲過程，發現二〇一四年以《模特》專輯，入圍五項金曲獎，並獲最佳新人之大陸創作歌手李榮浩，其段落換韻作品比例之高，實為少見，〔註57〕茲舉〈喜劇之王〉說明：

_____

〔註57〕李榮浩，為大陸八〇後出生之歌手，其作品大多為個人創作，至二〇一七年共發行三張正規專輯，其使用段落換韻之情況：首張《模特》專輯歌曲段落換韻如：〈李白〉〔ən〕、〔a〕〔ai〕韻；〈太坦白〉〔ɤ〕〔ai〕韻；〈都一樣〉〔ei〕、〔an〕〔a〕。第二張《同名專輯》之段落換韻歌曲如：〈喜劇之王〉〔au〕〔an〕韻；〈二三十〉〔ən〕、〔a〕〔au〕；〈不搭〉〔ai〕〔a〕。第三張《有理想》專輯之段落換韻歌曲如：〈滿座〉〔ei〕、〔o〕韻；〈爸爸媽媽〉〔au〕〔aŋ〕、〔an〕〔o〕韻；〈流行歌曲〉〔ou〕、〔i〕韻。以三張專輯而言，段落換韻之作品比例相當高。

【譜例三-27】〈喜劇之王〉〔註58〕

喜劇之王

唱 李榮浩

詞 黃偉文 曲 李榮浩
華納唱片 2014年

表三-31　〈喜劇之王〉詞曲押韻分析表

樂句數	樂句結束音	歌　詞	韻　母	尾　韻
1	〔3〕	桃	〔au〕	〔au〕
2	〔7〕	爆	〔au〕	〔au〕
3	〔i〕	召	〔au〕	〔au〕
4	〔7〕	照	〔au〕	〔au〕

〔註58〕李榮浩：《李榮浩・喜劇之王》（臺北：華納音樂，2014年11月28）。

5	〔3〕	耀	〔iau〕	〔au〕
6	〔7〕	胞	〔au〕	〔au〕
7	〔i〕	熬	〔au〕	〔au〕
8	〔7〕	調	〔iau〕	〔au〕
9	〔6〕	員	〔an〕	〔an〕
10	〔7〕	片	〔ian〕	〔an〕
11	〔6〕	言	〔ian〕	〔an〕
12	〔6〕	獻	〔ian〕	〔an〕

〈喜劇之王〉分成兩個段落，第一段一至八樂句結束音爲〔3〕、〔7〕、〔1〕、〔7〕、〔3〕、〔7〕、〔1〕、〔7〕，樂句相應位置之歌詞別由「桃」、「爆」、「召」、「照」、「耀」、「胞」、「熬」、「鬧」，押〔au〕韻；第二段九至十二樂句結束音爲〔6〕、〔7〕、〔6〕、〔6〕，樂句相應位置之歌詞別由「員」、「片」、「言」、「獻」，押〔an〕韻。

李榮浩創作之段落換韻歌曲密度頗高，不過，〈喜劇之王〉一詞爲香港塡詞人黃偉文之作，本文雖無法舉證黃偉文是否針對李榮浩注意段落換韻而塡該詞，但李榮浩偏愛使用段落換韻，由其作品數量可見一斑。

華語地區關於國語流行歌曲經常使用段落換韻之作家，香港林夕與新加坡小寒可謂代表，茲舉兩者歌曲：

【譜例三-28】〈全世界失眠〉〔註59〕

全世界失眠
唱 陳奕迅
詞 林夕 曲 陳偉
艾回股份有限公司　2003年

$1=D\frac{4}{4}$

想起我不完美，　你會不會，　逃離我生命的範圍。

想著你的滋味，　我會不會，　把這個枕頭變得甜美。

想起白天的約會，　忘了晚上的咖啡。

〔註59〕陳奕迅：《七‧全世界失眠》（臺北：艾回股份有限公司，2003年）。

只怕感情如潮　水，　遠離我夢　中　的堡　壘。　　一個人失

眠，　全世界失　眠。　無辜的街　燈，　守候　明天。　　幸福的失

眠，　只是因為　害怕閉上眼，　如　何想　你想到六點。　　如

何愛　你愛到終點。（以下略）

表三-32　〈全世界失眠〉詞曲押韻分析表

樂句數	樂句結束音	歌　詞	韻　部	尾　韻
1	〔2〕	圍	〔ei〕	〔ei〕
2	〔3〕	美	〔ei〕	〔ei〕
3	〔5〕	啡	〔ei〕	〔ei〕
4	〔5〕	壘	〔ei〕	〔ei〕
5	〔3〕	眠	〔ian〕	〔an〕
6	〔2〕	天	〔ian〕	〔an〕
7	〔1〕	點	〔ian〕	〔an〕
8	〔1〕	點	〔ian〕	〔an〕

　　本首分成兩處段落換韻，第一段一至四樂句結束音為〔2〕、〔3〕、〔5〕、〔5〕，樂句相應位置之歌詞別由「圍」、「美」、「啡」、「壘」，押〔ei〕韻；第二段落五至八樂句結束音為〔3〕、〔2〕、〔1〕、〔1〕，樂句相應位置之歌詞別由「眠」、「天」、「點」、「點」，押〔an〕韻，明顯的段落換韻。

　　香港詞人林夕所填之國語流行歌曲，以一韻到底居多，本文論及林夕使用含介音之一韻到底譜例，已指出其創作對押韻之注重，段落換韻亦能強化此論點，其他著名作品如〈春光乍洩〉、〈開門見山〉亦見此特色。〔註60〕

　　新加坡的小寒，則是另一位段落換韻之詞人，舉其入圍臺灣金曲獎之歌

〔註60〕林夕其他段落換韻暢銷曲有：〈春光乍洩〉（唱：黃耀明，1995）〔aŋ〕、〔i〕韻；〈開門見山〉（唱：阿密特2009）〔aŋ〕、〔an〕韻。

曲，〈長鏡頭〉為例探討：

【譜例三-29】〈長鏡頭〉〔註61〕

長鏡頭

唱 那英

詞 小寒 曲 蔡健雅
亞神音樂 2011年

1=Bb $\frac{2}{4}$

```
| 6 5 4 4  3 | 3   0 1 3 5 | 6  5 4 3  3 | 5   0 1 2 | 3  3 6 6   3 |
  看得見 彩 虹，  我們卻 都 看不 見 風。  於是 愛看風   箏
  看得見 彩 虹。  我們卻 都 看不 見 風。  蠻橫 是 愛結   束

| 2 1  1 0 6 1 | 4 3  1· 6 | 5  -  | 6 5 4 4 3 3  3 | 0 1 3 5 |
  被操 弄，滿足 好奇 的 瞳 孔。  突然間 轟 隆，  倒也是
  的幫 兇。我們 當時 還 不 懂。  突然的 重 逢，  倒也是

| 6 7  6· 5 | 3   0 1 3 5 | 6 7 1  5 | 4 3  5 0 5 6 1 | 4  3 3 1  2 1 |
  仁慈的 一 種。  不忍心 看風箏  被擺 弄兩季總 那 麼有 系統。
  仁慈的 一 種。  總算能 換個緯  度想 通我感歎

| 1  -  | 4 3 3 1  2 1 | 1  -  | 0   0· 1 | 6·  1 1 |
  緣 份這 系統。          喔長   鏡頭，

| 7   0 2 3 | 3 2 3 2 3 7 1 | 1 7  7 5 4 | 4   0 4 2 | 5  5 5 2 2· |
  我們 的回憶沒拍 下  太 多淚 流。  只有 涼風藍海

| 3·  5 | 5   5 1 1 | 6·  1 1 | 7   0 2 3 | 3 2 3 2 3 7 1 |
  和  沙 丘。 到哪天  碰頭，  你輕 巧迴避找流 謬

| 1 7  7 5 4 | 4  -  | 0 4  4 3 2 | 4   3· 1 2 | 0 1 |
  的舊傷 口。  故 事結構 就 不必  追

| 1    -   ‖
  究。（以下略）
```

表三-33 〈長鏡頭〉詞曲押韻分析表

樂句數	樂句結束音	歌 詞	韻 部	尾 韻
1	〔5〕	風	〔əŋ〕	〔əŋ〕
2	〔5̇〕	孔	〔uŋ〕	〔əŋ〕
3	〔3〕	種	〔uŋ〕	〔əŋ〕

〔註61〕那英：《那又怎麼‧長鏡頭》（臺北：亞神音樂，2011年）。

4	〔1〕	統	〔uŋ〕	〔əŋ〕
5	〔4〕	流	〔iou〕	〔ou〕
6	〔5〕	丘	〔iou〕	〔ou〕
7	〔4〕	口	〔iou〕	〔ou〕
8	〔1〕	究	〔iou〕	〔ou〕

＊分析表僅以歌詞第一段落分析。

　　譜例中，共有十四個樂句，分成兩段落換韻，第一段一至四樂句結束音為〔5〕、〔5〕、〔3〕、〔1〕樂句相應位置之歌詞別由「風」、「弄」、「種」、「統」，押〔əŋ〕韻；第二段落五至八樂句結束音為〔4〕、〔5〕、〔4〕〔1〕、樂句相應位置之歌詞別由「流」、「丘」、「口」、「究」，押〔ou〕韻。

　　小寒於二〇〇〇年崛起於新加坡樂壇，以創作歌詞著名，其作品同樣重視押韻，其他段落換韻作品如〈雨天〉、〈拋物線〉等，皆具傳唱度。〔註62〕

　　林夕（九〇，香港）、小寒（二〇〇〇，新加坡）、李榮浩（二〇一〇，中國大陸）分屬不同時期、地區之創作人，對於國語歌詞的用韻，並未因音樂多元化而改變，而且由旋律觀之，三人於副歌處，歌詞一定換韻，可見講究程度。

　　不免的，段落換韻和一韻到底，皆有通押情形，相近之韻腳能擴充的字相對增多，若能達到和諧，同樣具有聽覺美感。茲就譜例及分析表簡要述之：分別就〔ən〕〔əŋ〕韻、〔e〕〔ei〕韻、〔an〕〔aŋ〕三種通押之段落換韻討論。

（一）〔ən〕〔əŋ〕通押之段落換韻

　　《中華新韻》言〔ən〕〔əŋ〕為附聲韻，〔註63〕三-32至三-34譜例皆為〔ən〕、〔əŋ〕通押之段落換韻，三首換韻之分析如下：

〔註62〕小寒，2000年崛起於新加坡之女詞人，多次獲新加坡國語流行歌曲作詞人獎，並於金曲獎十九屆（2008）、二十三屆（2012）以〈達爾文〉、〈長鏡頭〉入圍最佳作詞，其段落換韻之詞作分量不少，流行於華語圈之歌曲如：〈夜盲症〉（唱：蔡健雅，2004）〔o〕、〔an〕、〔e〕韻；〈平常心〉（唱：張惠妹，2006）〔ɤ〕、〔əŋ〕韻；〈雨天〉（唱：孫燕姿，2007）〔ou〕、〔an〕；〈拋物線〉（唱：蔡健雅，2010）〔an〕、〔ən〕韻。

〔註63〕同《中華新韻》註，頁59。

【譜例三-30】〈愛我的人和我愛的人〉〔註64〕

愛我的人和我愛的人

1=C 4/4

唱 裴海正

詞 許常德 曲 游鴻明
1980年 上華唱片

盼不到我愛的人，　我知道我願意再等。
離不開我愛的人，　我知道愛需要緣分。

疼不了愛我的人，　片刻柔情它騙不了人。　我不是
放不下愛我的人，　因為瞭解他多麼認真。　為什麼

無情的人，卻將你傷的最深。　我不忍，我不能，
最真的心，碰不到最好的人。　我不問，我不能，

別再認真，　忘了我的人。
擁在懷中，　直到他變冷。人

愛我的人對我癡心不悔，我卻為我
人為我付出一切，我卻為我

愛的人　甘心一生傷悲。　在乎的人始終不對，
愛的人　流淚狂亂心碎。　愛與被愛同樣受罪，　為

誰對誰不必虛偽。　愛我的什麼不懂拒絕，　癡情的
包　圍。

表三-34　〈愛我的人和我愛的人〉詞曲押韻分析表

樂句數	樂句結束音	歌詞	韻部	尾韻	備　註
1	〔2〕	等	〔əŋ〕	〔əŋ〕	〔ne〕〔əŋ〕通押

〔註64〕裴海正：《愛我的人和我愛的人‧愛我的人和我愛的人》（臺北：上華唱片，1994年）。

2	〔1〕	人	〔ən〕	〔ən〕	
3	〔5〕	深	〔ən〕	〔ən〕	
4	〔7〕	人	〔ən〕	〔ən〕	
5	〔2〕	分	〔ən〕	〔ən〕	
6	〔1〕	眞	〔ən〕	〔ən〕	
7	〔5〕	人	〔ən〕	〔ən〕	
8	〔7〕	冷	〔əŋ〕	〔əŋ〕	
9	〔5〕	悲	〔ei〕	〔ei〕	
10	〔2̇〕	僞	〔uei〕	〔ei〕	
11	〔5〕	碎	〔uei〕	〔ei〕	
12	〔i〕	圍	〔uei〕	〔ei〕	

【譜例三-31】〈卸妝〉〔註65〕

卸妝

1=D 4/4

唱 金素梅

詞 何啟弘 曲 周治平
寶麗金唱片 1990年

趁著夜色未變涼，　一杯咖啡　一盞燈光。

我開始　卸妝，　褪去所有　顏色包裝。

看清自己的模樣，　和你愛的　是否一樣？

多情還　寫在　我臉上。　　就算

沒有口紅的嘴唇，　還能不能　讓你相信我　的吻？

沒有眼影的眼神，還能不能　暗示我的溫存？

誰會愛的那樣深，　誰願意想　你從早晨到　黃昏？

〔註65〕金素梅：《卸妝‧卸妝》（臺北：寶麗金唱片股份有限公司，1990年）。

擁抱愛情的　餘　溫，我的心　和　從前一樣完整。　　要是

你　忘了我還　在等，　或許我　應該讓眼　淚變　冷。　因為

怕　我變成　最孤　單　的　　人。

表三-35　〈卸妝〉詞曲押韻分析表

樂句數	樂句結束音	歌詞	韻部	尾韻	備　註
1	〔5〕	光	〔uaŋ〕	〔aŋ〕	
2	〔2〕	裝	〔uaŋ〕	〔aŋ〕	
3	〔5〕	樣	〔aŋ〕	〔aŋ〕	
4	〔2̇〕	上	〔aŋ〕	〔aŋ〕	
5	〔i〕	吻	〔uən〕	〔ən〕	
6	〔3̇〕	存	〔uən〕	〔ən〕	
7	〔i〕	昏	〔uən〕	〔ən〕	〔ən〕〔əŋ〕通押
8	〔3̇〕	整	〔əŋ〕	〔əŋ〕	
9	〔i〕	冷	〔əŋ〕	〔əŋ〕	
10	〔6〕	人	〔ən〕	〔ən〕	

【譜例三-32】〈剪愛〉〔註66〕

剪愛

唱 張惠妹

1=F 4/4

詞 林秋離 曲 涂惠源
豐華唱片 1996年12月

人變了心　言　而無信，　　人斷了情　無

謂傷心。　　我一直聆　聽，　我閉上眼　睛，

不敢　　看你的表　情。　　滿天流星　無

窮無盡，　　我的眼　淚　擦　不乾淨。

〔註66〕張惠妹：《姊妹‧剪愛》（臺北：豐華唱片，1996 年 12 月）。

0 444 3 5· 4̂4	0 333 2 2· î1	3· 6̂6 6· 6̂3 2̂1
所以絕口不 提，	所以暗自反省，	終 於 我掙脫了

3· 2̇2 － 05	3̇ － 3̇4 3̇5	2̇2 2̇3 2̇6 6· 6̇
愛 情。 把愛	剪碎了 隨風	吹向大海， 有

4̇4 4̇ 4̇6 5̇4	4̇3 3 23̇3 01	5 555 3 455 43
許多事 讓淚水	洗過更明白。	天真如我， 張開雙手以為

4̇4 4̇6 1̇1 05	3 2̂1 3 2̂1 3· 6̂6 3	2̂1̇2 2̇ － 05
撐得住未來，	而誰擔保愛永遠不 會 染上塵埃。	把

3 － 3̇ 4̇ 3̇ 5	2̇ 2̇ 2̇ 3 2̇ 3̂21 1̇· 6̇
愛 剪碎了 隨風 吹 向 大 海，	越

4̇4̇4 0 6̇5̇4	4̇3 3 23̇3 01	5 555 345 5 43
傷得深， 越明白 愛要放得開。	是我不該， 怎麼我會眷著

4̇4 4̇6 1̇1 05	3 2̇1 3 2̇1 2̇· 2̇2 17	1̇ 1̇7 2̇ 5· 05
你眷 成依賴，	讓濃情在轉眼間變 成 傷害。（下略）

表三-36 〈剪愛〉詞曲押韻分析表

樂句數	樂句結束音	歌 詞	韻 部	尾 韻	備 註
1	〔5〕	信	〔in〕	〔ən〕	
2	〔5〕	情	〔iŋ〕	〔əŋ〕	〔ən〕〔əŋ〕通押
3	〔3〕	淨	〔iŋ〕	〔əŋ〕	
4	〔2̇〕	情	〔iŋ〕	〔əŋ〕	
5	〔3̇〕	白	〔ai〕	〔ai〕	
6	〔2̇〕	埃	〔ai〕	〔ai〕	
7	〔3̇〕	開	〔ai〕	〔ai〕	
8	〔1̇〕	害	〔ai〕	〔ai〕	

　　〈愛我的人和我愛的人〉第一段落〔ən〕、〔əŋ〕韻通押，第二段落〔ei〕韻，兩段落換韻時，調式由〔Re〕轉〔Sol〕；〈卸妝〉第一段落〔aŋ〕韻，第二段落〔ən〕、〔əŋ〕韻通押，兩段落換韻時，調式由〔Sol〕轉〔La〕；〈剪愛〉第一段落〔ən〕、〔əŋ〕韻通押，第二段落〔ai〕韻，兩段落換韻時，調式由〔Re〕轉〔Sol〕。

【譜例三-33】〈日不落〉〔註67〕

日不落

1=D 4/4

唱 蔡依林

詞 崔惟楷 曲Bard/Alexander Bengt Magnus/Anders Hansson
EMI唱片公司 2007年12月

|1· 6 1 1 6|2 2 2 1 3|3 2 6 1 1 6|1 1 1 1 6|

天空的雲來的漫不經　心，河水像油畫一樣安　靜。
祈禱你像英勇的禁衛　軍，動也不動的守護愛　情。
愛的巴士總是走了又　停，微笑望著廣場上人　群。

|6· 6 1 1 6|2 2 2 1 3|3 2 6 6 1 1 6|1 - - -:|

和平鴿慵懶步伐押著　韻，心偷偷的放　晴。
你在回憶裡留下的腳　印，是我愛的風　景。
我要把愛全都裝進行　李，陪我一起旅　行。

|0· 3 5 5 3|6 6 6 6 6|6 5 5 5 5 3|5 5 5 5 3|

我要送你日不落的想　念，寄出代表愛的明信片。

|3· 3 5 5 3|6 6 6 6 6|6 5 5 5 5 3|5 5 5 5 6|

我要送你日不落的愛　戀，心牽著心把世界走遍。

|6· 3 2 2 1|2· 3 2 2 1|2· 3 2 2 1|1 - - -|

你就是慶典，你就是晴天，我的愛未眠。

|0· 3 2 2 1|2· 3 2 2 1|2· 3 2 2 1|1 - - -‖

不落的想念，飛在你身邊，我的愛未眠。

表三-37　〈日不落〉詞曲押韻分析表

樂句數	樂句結束音	歌詞	韻部	尾韻
1	〔6〕	靜	〔iŋ〕	〔əŋ〕
2	〔1〕	晴	〔iŋ〕	〔əŋ〕
3	〔6〕	情	〔iŋ〕	〔əŋ〕
4	〔1〕	景	〔iŋ〕	〔əŋ〕
5	〔3〕	片	〔ian〕	〔an〕
6	〔5〕	遍	〔ian〕	〔an〕
7	〔1〕	眠	〔ian〕	〔an〕
8	〔1〕	眠	〔ian〕	〔an〕

〔註67〕蔡依林：《特務J・日不落》（臺北：科藝百代股份有限公司，2007年12月）。

9	〔$\dot{6}$〕	群	〔yu〕	〔ən〕
10	〔1〕	晴	〔iŋ〕	〔ən〕〔əŋ〕通押
13	〔3〕	片	〔ian〕	〔an〕
14	〔5〕	遍	〔ian〕	〔an〕
15	〔1〕	眠	〔ian〕	〔an〕
16	〔1〕	眠	〔ian〕	〔an〕

　　本首為四個段落，第一段落一至四樂句結束音為〔$\dot{6}$〕、〔1〕、〔$\dot{6}$〕、〔1〕，樂句相應位置之歌詞分別由「靜」「晴」、「情」、「景」，押〔əŋ〕韻；第二段五至八樂句結束音為〔3〕、〔5〕、〔1〕、〔1〕，樂句相應位置之歌詞分別由「片」、「遍」、「眠」、「眠」，押〔an〕韻；第三段九至十樂句結束音為〔$\dot{6}$〕、〔1〕，樂句相應位置之歌詞分別由「群」、「行」，〔ən〕、〔əŋ〕通押。第四段落，十三至十六樂句結束音為〔3〕、〔5〕、〔1〕、〔1〕，樂句相應位置之歌詞分別由「片」、「遍」、「眠」、「眠」，押〔an〕韻。

　　〈日不落〉為翻唱瑞典三人團體 BWO 演唱之英文歌曲，二〇〇五年於歐美流行音樂界大受歡迎，百代唱片後來購買此曲並填中文詞翻唱，此首亦是臺灣二〇〇七年第六屆 HIT 流行音樂獎聽眾最愛歌曲，傳唱度極高。〈日不落〉一、三段為〔Le〕調式，韻腳為〔ən〕、〔əŋ〕通押，第二、四段落為〔an〕韻，四個段落換韻並變更調式。

　　（二）〔e〕〔ei〕通押之段落換韻：

　　〔e〕〔ei〕為複合韻，[註68] 流行歌曲常將以通押方式押韻，如新加坡歌手孫燕姿〈愛情證書〉、阿杜〈撕夜〉兩首譜例：

　　【譜例三-34】〈愛情證書〉[註69]

愛情證書

1=F $\frac{4}{4}$

唱 孫燕姿

詞 徐世珍 曲 李偲菘
華納唱片 2000年

寂 寞當　然 有 一點，　　　　你不在
我 們為　愛 還 在學，　　　　學溝通

<hr>

〔註68〕同《中華新韻》註，頁 59。
〔註69〕孫燕姿：《Yan Zi 孫燕姿同名專輯・愛情證書》（臺北：華納唱片，2000 年）。

| i 7 6 7 7 6̲5̲5̲ 6 | 6̲5̲5 1 2̲3̲ | 4̲3̲3̲4̲5̲5̲ 5 | 0 0 0 0 |

我身邊　總是　特　別　想念　你的臉。
的語言　學著　諒　解　學著　不流淚。

| 0 0 1 2̲3̲ | 3 5 6 i | 2 - - - | 0 0 0 6̲5̲ |

距離是　一份考　卷，　　　　　　測量
等到我　們學會　飛，　　　　　　飛越

| 3̲1̲1̲6̲1̲ 0̲3̲ | 3̲1̲1̲7̲1̲ 7̲1̲ | i - - - | 0 0 0 0 ：|

相愛的誓言　最　後會不會　實現。
黑夜和考驗　日

| 3̲1̲1̲7̲5̲ 4̲ | 4̲3̲3̲3̲2̲1̲1̲ | i 0 0̲5̲6̲1̲ | 5̲ 3̲3̲4̲ 3̲1̲ |

子就要從孤　單裡畢業。　　我們用多　一點點的辛

| i̲5̲5̲ 0̲5̲6̲1̲ | 5̲3̲3̲3̲2̲ 1̲3̲ | 3 2̲ - 6̲ | i - - 6̲ |

苦，來交換　多一點點的幸　福。　就算　幸

| 2 - - 6̲5̲ | 4̲ 3̲3̲3̲ - | 0 0 0̲5̲6̲1̲ | 5̲ 3̲3̲4̲ 3̲1̲ |

福，　　還有　一段路。　　等我們　學會忍耐　和付

| i̲5̲5̲ 0̲5̲6̲1̲ | 5̲3̲3̲3̲2̲ 1̲3̲ | 3 2̲ - 6̲ | i - - 6̲ |

出，　這愛情　一定會有張證　書。　證明　　從

| 2 - - 0̲5̲ ‖ 3 2̲1̲1̲ - | 1 - 0 0 ‖

此，　　　不孤　獨。

表三-38　〈愛情證書〉詞曲押韻分析表

樂句數	樂句結束音	歌詞	韻部	尾韻	備註
1	〔4〕	臉	〔ian〕	〔an〕	
2	〔i〕	現	〔ian〕	〔an〕	
3	〔4〕	淚	〔ei〕	〔ei〕	〔e〕〔ei〕通押
4	〔i〕	業	〔ie〕	〔e〕	
5	〔2〕	福	〔u〕	〔u〕	
6	〔3〕	路	〔u〕	〔u〕	
7	〔2〕	書	〔u〕	〔u〕	
8	〔i〕	獨	〔u〕	〔u〕	

【譜例三-35】〈撕夜〉〔註70〕

撕夜

1＝G 4/4

唱 阿杜

詞 王武雄 曲 蔡振勳
新力博德曼 2002年

```
| 5 333 33 322 0 21 | 2 21 2 3 565 0 61 | 2 30 6 1 230 532 |
  我把夢撕了一頁，不懂 明天該怎麼 寫。    冷冷 的街 冷冷的燈，照著
  一場雨濕了一夜，妳的 溫柔該怎麼 給。    冷冷 的風冷冷的吹 不停

| 3 — — :‖ 1 — — 1235 | 6· 56 656 5 6 i1 |
  誰。       歌。       哪個人在 天 橋下留下等待 工作的

| 6 5 5· 63· 3 | 322 0 3 322 211 | 523 3 — 1235 |
  電話號 碼。 我 想問他，多少人打給 他。      隨手翻開

| 6· 56 656 5 6 i | 655 5· 63 0 3 | 322 0 3 322 211 |
  電話上，那本指引 迷途 心靈的密碼。 我 的未來，依然沒有解

| 5 — — — :‖ 0 333 33 322 0 21 | 2 21 2 3 565 0 61 |
  答。       舊電話 撕了一頁，我的朋友還剩下 誰？ 冷冷
            兩個人試了一夜，抱得再緊也不能 睡。 冷冷

| 2 30 6 1 2 30 532 | 3 — — — :‖ 1 — — — ‖
  的心冷冷的夢在哽 咽。        夜。
  的你冷冷的淚濕了
```

表三-39　〈撕夜〉詞曲押韻分析表

樂句數	樂句結束音	歌 詞	韻 部	尾 韻	備 註
1	〔5〕	寫	〔ie〕	〔e〕	
2	〔3〕	誰	〔ei〕	〔ei〕	
3	〔5〕	給	〔ei〕	〔ei〕	〔e〕〔ei〕通押
4	〔1〕	歌	〔ie〕	〔e〕	
5	〔3〕	碼	〔a〕	〔a〕	
6	〔5〕	他	〔a〕	〔a〕	
7	〔3〕	碼	〔a〕	〔a〕	
8	〔5〕	答	〔a〕	〔a〕	

〔註70〕阿杜：《天黑‧撕夜》（臺北：新力博德曼音樂娛樂有限公司，2002年）。

9	〔5̣〕	誰	〔ei〕	〔ei〕	
10	〔3̣〕	咽	〔ie〕	〔e〕	〔e〕〔ei〕通押
11	〔5̣〕	睡	〔uei〕	〔ei〕	
12	〔1〕	夜	〔ie〕	〔e〕	

　　三-34 至三-35 譜例皆有〔e〕、〔ei〕通押之段落換韻，兩首換韻之分析如下：〈愛情證書〉第一段落〔an〕韻，第二段落〔ei〕、〔e〕通押韻，第三段落〔u〕韻。然，換韻時，調式並未轉換。

　　〈撕夜〉第一段落〔ei〕、〔e〕通押韻，第二段落〔u〕韻，第三段落〔ei〕、〔e〕通押韻。此首調式並不明顯，但聽起來並不突兀，說明流行音樂創作者並不嚴格按樂理填詞譜曲，多半覺得順耳，大眾容易朗朗上口即可。

（三）混搭通押之段落換韻

　　韻腳通押，也代表創作者對押韻採取寬押的使用，乃為普遍現象，即使如方文山強調歌詞押韻之音樂人，〔註71〕創作段落換韻之詞作，通押現象至少超過百首，〔註72〕其〈青花瓷〉段落換韻，以〔an〕〔aŋ〕（附聲韻）、〔註73〕〔i〕〔y〕兩組通押方式押韻：

【譜例三-36】〈青花瓷〉〔註74〕

青花瓷
唱 周杰倫

1=A 4/4

詞 方文山 曲 周杰倫
新力博德曼音樂 **2007**年

```
| 5 - 0216‖: 1 161 | 16 | 165· 216 | 1 161 | 123 |
   素胚勾 勒 出青花 筆鋒 濃轉淡， 瓶身描 繪 的牡丹 一如

| 211· 563 | 23 323 | 23 | 35 533 3333 | 22222 | 123 |
 妳初妝。 冉冉檀 香 透過窗 心事 我了 然，宣紙上 走筆至此擱 一半。
```

〔註71〕方文山對流行歌詞押韻之注重，由其兩本著作可參考，方文山：《關於方文山的素顏韻腳詩》（台北，華人版圖，2006年），說明其創作對韻腳之考量；方文山：《中國風——歌詞裡的文字遊戲》（台北，第一人稱傳播事業，2008年），此書將歌詞典故出處和語言修辭設計了百道國學常識選擇題，這是流行歌曲與文學交會的特殊現象。

〔註72〕吳琇梅：〈方文山創作歌詞之音韻風格研究〉，彰化：國立彰化師範大學國文研究所國語文研究教學碩士論文，2014年8月，頁47～48。該文統計方文山通押之詞作有一百三十三首，並分析六種通押韻之類型。

〔註73〕同《中華新韻》註，頁59。

〔註74〕周杰倫：《我很忙·青花瓷》（臺北：新力博德曼音樂娛樂有限公司，2007年）。

```
|2 - 0216|1 161 16|165. 561|5 535 53|
  釉色渲 染 仕女圖 韻味 被私藏， 而妳嫣 然 的一笑 如含

|211. 212|3221 16|21161 11|1 - - 1|
  苞待放。 妳的美 一縷飄 散，去到 我去不了的 地方。    啊，

|1 - 0553‖236. 2353|2 - 0553|236 2352|
  天青色 等煙雨 而我在等 妳，   炊煙裊 裊昇起 隔江千萬

|1 - 0123|56535332|2 - 0121|2 122353|
  里。  在瓶底 書漢隸仿前朝的飄 逸，   就當我 為 遇見 妳伏

|3 - 0553|236 2353|2 - 0553|236 2352|
  筆。  天青色 等煙雨 而我在等 妳，   月色被 打撈起 暈開了結

|1 - 0123|56535332|2. 63 21|111 - -‖
  局。  如傳世 的青花瓷自顧自美 麗， 妳眼 帶笑 意。（下略）
```

表三-40　〈青花瓷〉詞曲押韻分析表

樂句數	樂句結束音	歌 詞	韻 部	尾 韻	備 註
1	〔1〕	妝	〔uaŋ〕	〔aŋ〕	〔an〕〔aŋ〕通押
2	〔3〕	半	〔an〕	〔an〕	
3	〔1〕	放	〔aŋ〕	〔aŋ〕	
4	〔1〕	方	〔aŋ〕	〔aŋ〕	
5	〔1〕	里	〔i〕	〔i〕	〔i〕〔y〕通押
6	〔3〕	筆	〔i〕	〔i〕	
7	〔1〕	局	〔y〕	〔y〕	
8	〔1〕	意	〔i〕	〔i〕	

　　譜例中，共有八個樂句，分成兩段落換韻，第一段一至四樂句結束音為
〔1〕、〔3〕、〔1〕、〔1〕樂句相應位置之歌詞別由「妝」、「半」、「放」、「方」，
〔an〕〔aŋ〕通押韻；第二段落五至八樂句結束音為〔1〕、〔3〕〔1〕、〔1〕
樂句相應位置之歌詞別由「里」、「筆」、「局」、「意」，通押〔i〕〔y〕韻。此首
兩段落皆以通押換韻。

　　〈青花瓷〉為十九屆（二〇〇八）年金曲獎，最佳年度歌曲、最佳詞、
作曲三項指標獎項之歌曲，為十九屆以來，同時奪下詞、曲、唱獎之歌曲，

意味評審對詞、曲的喜愛。該屆評審給予〈青花瓷〉作詞獎之評語為「歌詞具有畫面感之中國風」，〔註75〕為方文山與周杰倫中國式曲風配搭顛峰之作。〔註76〕本曲做到旋律與押韻相合，而且段落換韻，儘管倒字現象與咬字不清依舊（第二章已談論），詞曲關係能達如此，已屬不易。

　　流行歌曲段落換韻現象，自四〇年代至二〇一〇年後，皆有譜例可循，儘管例證不多，可觀察創作者刻意於段落中換韻，換韻使歌曲韻腳豐富度增加，作者因此需尋找同義詞替代，倘若換韻順暢，與旋律繼續貼合，則仰賴作者才氣，自覺性高之作家，即使遷就韻腳時，亦不會勉強違和。

二、換片換韻

　　中國詩人早在西元五世紀，便善於聲、韻變化，增加歌唱效果，〔註77〕如沈約撰《四聲譜》，運用聲韻，使歌曲有著多元的變化，〔註78〕流行歌曲換韻便是讓歌曲韻腳豐富性增加的方式，除段落換韻，換片換韻亦有幾首歌曲可探討。

　　流行歌曲換片換韻，主要觀察其反覆性，無論前後段或副歌段落，皆將反覆視為換片，若反覆且換韻則為換片換韻，不過，流行歌曲並沒有換片換韻時，同時轉調之歌曲，此處僅就歌詞分析。流行歌曲換片換韻之調式，因其旋律反覆，故無轉調之情況。本節換片換韻以完整換片與部分換片討論。

（一）完整之換片換韻

〔註75〕YoutubeTW，2008 年第 19 屆金曲獎頒獎典禮最佳作詞人獎片段，2012 年 6 月 15 日。（https://www.youtube.com/watch?v=8RYU6w4Pe2g）2017 年 5 月 29 日檢索。

〔註76〕劉靖之：《中國新音樂史論》（香港：中文大學出版社，2009 年），頁 686～687。劉靖之所著《中國新音樂史論》中說明中國風一詞的解釋：「中國風從音樂的角度來說，中國風格是指在中國民族歷史發展過程中所包含的一切音樂…所謂中國風格，就是由文人音樂、宗教音樂、宮廷音樂、民間音樂和傳統音樂的語言、色彩、結構、體裁等元素所形成的。」而流行音樂走中國風並不是從周杰倫及方文山開始的，早於校園民歌時期已流傳甚廣，周杰倫與方文山則是詞曲結合之作最多之創作人，歌曲數量多，代表性則愈高。

〔註77〕同楊蔭瀏：〈語言音樂學初探〉，頁 34。

〔註78〕〔唐〕李延壽：《南史》卷五十七，〈沈約傳〉（北京：中華書局，1974 年），頁 1405。

【譜例三-37】〈鄉愁四韻〉〔註79〕

鄉愁四韻

1=G 4/4　　　　　　　唱 羅大佑　　　　　　　　　　詞 余光中 曲 羅大佑
　　　　　　　　　　　　　　　　　　　　　　　　滾石唱片公司 1980年12月

表三-41　〈鄉愁四韻〉詞曲押韻分析表

樂句數	樂句結束音	歌詞	韻部	尾韻	備註
1	〔3〕	水	〔uei〕	〔ei〕	第一段〔ei〕韻
2	〔6〕	水	〔uei〕	〔ei〕	
3	〔3〕	味	〔ei〕	〔ei〕	
4	〔6〕	水	〔uei〕	〔ei〕	
5	〔3〕	紅	〔uŋ〕	〔əŋ〕	第二段〔əŋ〕韻
6	〔6〕	紅	〔uŋ〕	〔əŋ〕	

〔註79〕羅大佑：《之乎者也‧鄉愁四韻》（臺北：滾石國際音樂股份有限公司，1980年 12 月）。

7	〔3〕	痛	〔uŋ〕	〔əŋ〕	
8	〔6̣〕	紅	〔uŋ〕	〔əŋ〕	
9	〔3〕	白	〔ai〕	〔ai〕	第三段〔ai〕韻
10	〔6̣〕	白	〔ai〕	〔ai〕	
11	〔3〕	待	〔ai〕	〔ai〕	
12	〔6̣〕	白	〔ai〕	〔ai〕	
13	〔3〕	香	〔iaŋ〕	〔aŋ〕	第四段〔aŋ〕韻
14	〔6̣〕	香	〔iaŋ〕	〔aŋ〕	
15	〔3〕	芳	〔aŋ〕	〔aŋ〕	
16	〔6̣〕	香	〔iaŋ〕	〔aŋ〕	

＊資料說明：本表格備註欄為「換片換韻」之標註，粗黑標線為換韻處。

〈鄉愁四韻〉全首四段（片）〔Mi〕調式，第一片樂句結束音為〔3〕、〔6̣〕、〔3〕、〔6̣〕，樂句相應位置之歌詞分別由「水」、「水」、「味」、「水」，押〔ei〕韻；第二片樂句結束音為〔3〕、〔6̣〕、〔3〕、〔6̣〕，樂句相應位置之歌詞別為「紅」、「紅」、「痛」、「紅」，押〔əŋ〕韻；第三片樂句結束音為〔3〕、〔6̣〕、〔3〕、〔6̣〕，樂句相應位置之歌詞別為「白」、「白」、「待」、「白」，押〔ai〕韻；第四片樂句結束音為〔3〕、〔6̣〕、〔3〕、〔6̣〕，樂句相應位置之歌詞別為「香」、「香」、「芳」、「香」，押〔aŋ〕韻。

本首詞出自余光中《白玉苦瓜》詩集，羅大佑一九七四年譜曲，並於一九八二年收錄於第一張創作《之乎者也》專輯中。前面三段為疊沓形式，第四段歌詞格式雖相同，但曲調上作了變換後產生高潮，避免了四段重覆之單調感。詞人有意創作四韻之歌詞，每段歌詞內容相同（「長江水」、「海棠紅」、「雪白花」、「臘梅香」），但各段第三句之字（「味」、「痛」、「待」、「芳」）刻意不同，這讓歌詞產生一些變化。歌曲四片分別為〔ei〕、〔əŋ〕、〔ai〕、〔aŋ〕四個韻腳換韻，符合歌名四韻含意，整首韻腳皆落在〔La〕調式的〔3〕與〔6̣〕兩個音符上，相當整齊之換片歌曲。

〈鄉愁四韻〉為詩人之作品，屬先有詞後有曲之歌曲，因此韻腳和諧，四個段落用韻均不同。流行歌曲的歌詞若是多段，換韻可增加更多的音響色彩，這樣的作品並不多，偶爾能發現其中兩段換片換韻之歌曲，如〈春夏秋冬〉與〈光陰的故事〉兩首：

【譜例三-38】〈春夏秋冬〉〔註80〕

春夏秋冬

1=D 3/4　　　唱 劉文正

詞 呂承明 曲 陳小霞
東尼音樂機構 1983年12月

```
| 1  -  23| 5  -  35| 6  -  i | 5  -  32| 1  -  6 | 7  1  3 |
```

你你你你　似伴難已　微著忘遠，記，去，　風吹帶流無　，進著浪處　我我老見　的心的　靈。吉歲他　。他月　　　羞怯還帶　吟唱在山　揮手只巔　揮語浮下　驚山帶雲傳　水背珍

```
| 2  -  - | 2  -  32| 1  -  23| 5  -  35| 6  -  i | 5  -  32|
```

喜喜影重，涯。，。　　默默遞注　深情給視　帶著我我　多情應老　他吉似　　一笑我我此　朵在依心　小黲然與　　野陽　花花下　，吟帶　唱誰　滿蕭瀟洞共　。

```
| 1  -  6.| 7  1  2 | 1  -  - | 1  -  - :‖|
```

給盈灑零　我我我我　喜歡輕孤　悅唱愁寂　的的的的　春，夏，秋，冬。

表三-42　〈春夏秋冬〉詞曲押韻分析表

樂句數	樂句結束音	歌詞	韻部	尾韻	備註
1	〔5〕	靈	〔iŋ〕	〔əŋ〕	⊕
2	〔2〕	喜	〔i〕	〔i〕	⊕
3	〔5〕	花	〔ua〕	〔a〕	⊕
4	〔1〕	春	〔uən〕	〔ən〕	⊕
5	〔5〕	他	〔a〕	〔a〕	第二段〔a〕韻
6	〔2〕	涯	〔ia〕	〔a〕	
7	〔5〕	下	〔ia〕	〔a〕	
8	〔1〕	夏	〔ia〕	〔a〕	
9	〔5〕	月	〔ye〕	〔e〕	⊕
10	〔2〕	影	〔iŋ〕	〔əŋ〕	⊕
11	〔5〕	唱	〔aŋ〕	〔aŋ〕	⊕

〔註80〕劉文正：《三月裡的小雨・春夏秋冬》（臺北：王振敬股份有限公司，1981年1月）。

12	〔1〕	秋	〔iou〕	〔ou〕	⊕
13	〔5〕	蹤	〔uŋ〕	〔uŋ〕	第四段〔uŋ〕韻
14	〔2〕	重	〔uŋ〕	〔uŋ〕	
15	〔5〕	共	〔uŋ〕	〔uŋ〕	
16	〔1〕	多	〔uŋ〕	〔uŋ〕	

　　〈春夏秋冬〉爲〔Do〕調式，共四（段）片，第一段一至四句結束音爲〔5〕、〔2〕、〔5〕、〔1〕，樂句相應位置之歌詞別由「靈」、「喜」、「花」、「春」，分別押〔əŋ〕、〔i〕、〔ua〕、〔uən〕四個韻。第二段五至八樂句結束音爲〔5〕、〔2〕、〔5〕、〔1〕，樂句相應位置之歌詞分別由「他」、「涯」、「下」、「夏」，押〔a〕韻；第三段九至十二句結束音爲〔5〕、〔2〕、〔5〕、〔1〕，分別押〔əŋ〕、〔i〕、〔ua〕、〔uən〕四個韻。第四段十三至十六樂句結束音爲〔5〕、〔2〕、〔5〕、〔1〕，樂句相應位置之歌詞別由「月」、「影」、「唱」、「秋」，押〔əŋ〕韻。

　　本首並不如〈鄉愁四韻〉般，有意識地在春夏秋冬四段換韻，僅第二（夏）、四（冬）段整齊換韻，「春」、「秋」兩段或許找不到適切之字塡寫，因此這兩片未能依四季換韻，但這兩段仍可視爲換片換韻，而且這兩片韻腳字皆落於調式音上，詞曲配合，第一、三段則無規律性押韻。

【譜例三-39】〈光陰的故事〉〔註81〕

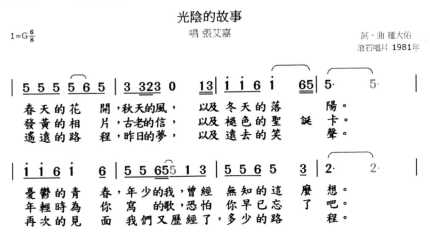

〔註81〕張艾嘉：《張艾嘉的童年·光陰的故事》（臺北：滾石有聲出版社有限公司，1981 年）。

```
| 5 5 5 5 6 5 | 3 323 0  13  i i 6 i  65 | 5·    5 |
  光陰它帶  走  四季的歌，  裡我  輕輕的悠     唱
  過去的誓  言  就像那課，  本裡  繽紛的書     籤
  不再是舊  日  熟悉的我，  有著  舊日狂熱 的  夢。

| i i 6 i  6 | 5 5 6 5 1 3 | i i i 6 7 i | 2·   2  0 |
  風花雪月 的  詩句  裡我在  年年的成       長
  刻劃著多 少  美麗的詩可是  終究是一      陣煙
  也不是舊 日  熟悉的你有著  依然的笑       容。

| 2 2 5 3 2 2 | i i 6 2 i i | 5 5 3 5  6 | 5·   5 |
  流水它帶  走  光陰的故 事，改變了一    個 人。
  流水它帶  走  光陰的故 事，改變了兩    個 人。
  流水它帶  走  光陰的故 事，改變了我      們。

| 2 2 5 3 2 2 | i i 6 2 i i | 5 6 5 2  3 | i·   i |
  就在那多  愁  善感而初  次，等待的青    春。
  就在那多  愁  善感而初，次  流淚的青    春。
  就在那多  愁  善感而初  次，回憶的青    春。
```

表三-43　〈光陰的故事〉詞曲押韻分析表

樂句數	樂句結束音	歌詞	韻部	尾韻	備　註
1	〔3〕	陽	〔aŋ〕	〔aŋ〕	
2	〔2〕	想	〔iaŋ〕	〔aŋ〕	第一段〔aŋ〕韻
3	〔5〕	唱	〔aŋ〕	〔aŋ〕	
4	〔2̇〕	長	〔aŋ〕	〔aŋ〕	
5	〔5〕	人	〔ən〕	〔ən〕	
6	〔1〕	春	〔uən〕	〔ən〕	
7	〔3〕	卡	〔a〕	〔a〕	
8	〔2〕	吧	〔a〕	〔a〕	第二段〔a〕、〔an〕韻
9	〔5〕	籤	〔ian〕	〔an〕	
10	〔2̇〕	煙	〔an〕	〔an〕	
11	〔5〕	人	〔ən〕	〔ən〕	
12	〔1〕	春	〔uən〕	〔ən〕	
13	〔3〕	聲	〔əŋ〕	〔əŋ〕	第三段〔əŋ〕韻
14	〔2〕	程	〔əŋ〕	〔əŋ〕	

15	〔5̇〕	夢	〔əŋ〕	〔əŋ〕	
16	〔2̇〕	容	〔uŋ〕	〔uŋ〕	
17	〔5〕	們	〔ən〕	〔ən〕	
18	〔1〕	春	〔uən〕	〔ən〕	

〈光陰的故事〉為六個段，第二、四、六段為副歌重覆三遍。第一段一至四樂句結束音為〔3〕、〔2〕、〔5〕、〔2̇〕，樂句相應位置之歌詞別由「陽」、「想」、「唱」、「長」，押〔aŋ〕韻；第二段五至六樂句結束音為〔5〕、〔1〕樂句相應位置之歌詞別由「人」、「春」，押〔ən〕、〔uən〕韻；第三段七至十樂句結束音為〔3〕、〔2〕、〔5〕、〔2̇〕，樂句相應位置之歌詞別由「卡」、「吧」、「籤」、「煙」，押〔a〕、〔əŋ〕、〔ian〕、〔an〕韻；第四段十一至十二樂句結束音為〔5〕、〔1〕樂句相應位置之歌詞別由「人」、「春」，押〔ən〕、〔uən〕韻。第五段落十三至十六樂句結束音為〔3〕、〔2〕、〔5〕、〔2̇〕，樂句相應位置之歌詞別由「聲」、「程」、「夢」、「容」，押〔əŋ〕、〔uŋ〕韻；第六段十七至十八樂句結束音為〔5〕、〔1〕樂句相應位置之歌詞別由「們」、「春」，押〔ən〕、〔uən〕韻。

本首第一片與第三片，為換片換韻。羅大佑後來將〈光陰的故事〉重新詮釋，與原唱張艾嘉版本第一段落歌詞不同，相異如下：

5̇ 5 5　5 6 5 ｜ 3 3 2　3 1 3 ｜ 1̇ 1̇ 6　6 5 ｜ 5 · 5 0 ｜

光陰它 帶 走　四季的 歌裡我　輕輕的悠　唱　　　（張艾嘉版）

5̇ 5 5　5 6 5 ｜ 3 3 2　3 1 3 ｜ 1̇ 1̇ 6　6 5 ｜ 5 · 5 0 ｜

風車在 四 季　輪回的 歌裡它　天天地流　轉　　　（羅大佑版）

此句旋律相同，羅大佑再詮釋之歌詞與張艾嘉有所不同，特別是韻腳字由「唱」字〔aŋ〕韻易為「轉」字〔an〕韻，儘管韻腳接近，但「唱」字與前後句之「想」、「長」為同一韻，用韻整齊，能與第三段用韻產生換韻作用；羅大佑此處以「轉」字處理，雖形成不押韻，但舌尖鼻音與舌根鼻音發音相近，〔aŋ〕與〔an〕鼻音不同，韻腹均為〔a〕，歌者仍能將之唱成合韻，可視為陰陽通押，亦具有換片效果。

（二）部分之換片換韻

換片換韻之譜例亦不多，旋律相同，詞人能以換韻方式，轉換歌曲聲情意境發展，這就需要作者之學問，以及對韻腳的敏銳，這類作品，偶爾能見，如〈祝我幸福〉：

【譜例三-40】〈祝我幸福〉〔註82〕

祝我幸福

1=Eb 4/4

唱 楊乃文

詞 施立 曲 陳小霞

2000年 魔岩唱片

表三-44　〈祝我幸福〉詞曲押韻分析表

樂句數	樂句結束音	歌　詞	韻部	尾韻	備　　註
1	〔3〕	邊	〔ian〕	〔an〕	第一段〔an〕韻
2	〔1〕	臉	〔ian〕	〔an〕	
3	〔2〕	言	〔an〕	〔an〕	
4	〔1〕	遠	〔an〕	〔an〕	
5	〔3〕	飛	〔ei〕	〔ei〕	第二段〔ei〕韻
6	〔1〕	美	〔ei〕	〔ei〕	
7	〔2〕	追	〔uei〕	〔ei〕	
8	〔1〕	誰	〔ei〕	〔ei〕	
9	〔1〕	福	〔u〕	〔u〕	
10	〔3〕	福	〔u〕	〔u〕	
11	〔5〕	手	〔ou〕	〔ou〕	
12	〔2〕	留	〔iou〕	〔ou〕	
13	〔1〕	樂	〔ɤ〕	〔ɤ〕	
14	〔3〕	捨	〔ɤ〕	〔ɤ〕	
15	〔5〕	量	〔iaŋ〕	〔aŋ〕	
16	〔2〕	放	〔aŋ〕	〔aŋ〕	
17	〔3〕	福	〔u〕	〔u〕	
18	〔1〕	福	〔u〕	〔u〕	

　　〈祝我幸福〉換片換韻有兩段，第一段一至四樂句結束音爲〔3〕、〔1〕、〔2〕、〔1〕，樂句相應位置之歌詞別爲「邊」、「臉」、「言」、「遠」押〔an〕韻；第二段五至八樂句結束音爲〔3〕、〔1〕、〔2〕、〔1〕，樂句相應位置之歌詞分別爲「飛」、「美」、「追」、「誰」，押〔ei〕韻。本曲第一段與第二段大部分格律相似，且反覆又換韻，若不考慮介音，韻腳由〔an〕轉〔ei〕韻，爲換片換韻。此外，詞人於副歌段，皆運用兩句一韻，不斷換韻中，情緒如翻箱倒櫃般，起伏不定。

　　流行歌曲之換片換韻大多出現於歌曲前半段，通常爲副歌前之段落，上下片雖不完全一致，仍可由這些段落觀其換韻現象，如〈我是不是該安靜的走開〉與〈用心良苦〉兩例。

【譜例三-41】〈我是不是該安靜的走開〉〔註83〕

我是不是該安靜的走開

1=C 4/4　　　　　唱 郭富城　　　　　　詞 張方露 曲 陳秀男
1990 飛碟唱片

表三-45　〈我是不是該安靜的走開〉詞曲押韻分析表

樂句數	樂句結束音	歌詞	韻部	尾韻	備註
1	〔3〕	像	〔iaŋ〕	〔aŋ〕	第一片〔aŋ〕韻
2	〔2〕	忘	〔aŋ〕	〔aŋ〕	

〔註83〕郭富城：《我是不是該安靜的走開‧我是不是該安靜的走開》（臺北：飛碟企業股份有限公司，1991 年 4 月）。

3	〔3〕	去	〔y〕	〔y〕	第二片〔i〕、〔y〕通
4	〔1〕	你	〔i〕	〔i〕	押韻
5	〔3〕	來	〔ai〕	〔ai〕	
6	〔2〕	來	〔ai〕	〔ai〕	
7	〔5〕	待	〔ai〕	〔ai〕	
8	〔1〕	開	〔ai〕	〔ai〕	

〈我是不是該安靜的走開〉共分四個段，第一段樂句結束音為〔3〕、〔2〕；樂句相應位置之歌詞別為「像」、「忘」，押〔aŋ〕韻；第二段樂句結束音為〔3〕、〔1〕，樂句相應位置之歌詞別為「去」、「你」，〔i〕、〔y〕通押。第一段與第二段均為兩句成一片之形式，段落間亦換韻，為換片換韻，第三、四段則為段落不換韻。

本曲為一、二段，副歌前的換片換韻，就旋律言，僅第二段尾音不同外，兩片之旋律、格律相同，〔i〕、〔y〕則為通押，兩片韻腳則由〔aŋ〕轉為〔i〕，為換片換韻。

〈用心良苦〉則為第一、二段換片換韻，副歌亦有換片換韻之歌曲。

【譜例三-42】〈用心良苦〉 〔註84〕

用心良苦
唱 張宇
1=Ab 2/4
詞 十一郎 曲 張宇
1992年 歌林唱片

〔註84〕張宇：《用心良苦·用心良苦》（臺北：歌林股份有限公司出版部，1993年11月）。

```
|5 35·3|6  0·1|23 2 23|5 565 23|2  -  |2   56 5|
 得如此 沉靜，    勝過妳醒時 決裂般無 情。        嫩

|5  56 5|5  56|i 166553|3  23 2|2  23 2|
 妳 想要 逃。 偏偏 注定要落 腳。   憔悴 了。

|2  23|5 5 5332|2  56 5|5  56 5|
 了。 剩下 空心要不 要。 春已 走  花又

|5  56|i 166553|3  23 2|2  23 6|
 落， 用心 良苦卻成 空。 我的 痛  怎麼形

|5  23 6|1 1 12 1|1  -  ‖
 容。 一生 愛錯放 妳的  手，(下略)
```

表三-46　〈用心良苦〉詞曲押韻分析表

樂句數	樂句結束音	歌詞	韻部	尾韻	備　註
1	〔1〕	悴	〔uei〕	〔ei〕	I 第一段〔ei〕韻
2	〔1〕	淚	〔ei〕	〔ei〕	
3	〔1〕	憶	〔ei〕	〔ei〕	
4	〔1〕	間	〔ian〕	〔an〕	第二段〔an〕韻
5	〔1〕	間	〔ian〕	〔an〕	
6	〔1〕	點	〔ian〕	〔an〕	
7	〔5〕	逃	〔au〕	〔au〕	II 第一段〔au〕韻
8	〔3〕	腳	〔iau〕	〔au〕	
9	〔2〕	了	〔iau〕	〔au〕	
10	〔2〕	要	〔au〕	〔au〕	
11	〔5〕	落	〔uo〕	〔uo〕	第一段〔uo〕、〔uŋ〕、〔uŋ〕通押
12	〔3〕	空	〔uŋ〕	〔uŋ〕	
13	〔5〕	容	〔uŋ〕	〔uŋ〕	
14	〔1〕	手	〔ou〕	〔ou〕	

　　〈用心良苦〉的換韻現象可以就兩組（ＩＩＩ）分別觀之：第一組第一段一至三樂句，第二段四至五樂句說明。第一組第一片樂句結束音爲〔1〕、

〔1〕、〔1〕，樂句相應位置之歌詞分別由「悴」、「淚」、「憶」，押〔ei〕韻；第二片樂句結束音爲〔1〕、〔1〕、〔1〕，樂句相應位置之歌詞分別由「間」、「間」、「點」，押〔an〕韻。

第二組爲第三段七至十樂句，第四段十一至十四樂句。第二組第一片樂句結束音爲〔5〕、〔3〕、〔2〕、〔2〕，樂句相應位置之歌詞分別由「逃」、「腳」、「了」、「要」，押〔au〕韻；第二片樂句結束音爲〔5〕、〔3〕、〔5〕、〔1〕，樂句相應位置之歌詞分別由「落」、「空」、「容」、「手」，以〔o〕、〔əŋ〕、〔ou〕韻通押。

第一組之換片整齊，由〔ei〕轉〔an〕韻，押韻位置亦落於調式音上；第二組第二片之韻雖爲〔uo〕、〔uŋ〕、〔ou〕三韻，但其主要元音相同，「落」、「空」、「容」、「手」不考慮鼻音韻尾，再則「空」、「容」之介音〔u〕，於實際演唱時已考慮合韻問題而唱得明顯，故，本曲除刻意忽略鼻音之陰陽通押外，強調主要元音亦使得韻腳聽來有相同之感，與第二組第一片形成換片押韻。

另，以下三首九〇年代初期的歌曲，電視劇《包青天》主題曲〈新鴛鴦蝴蝶夢〉，香港團體草蜢隊〈忘情森巴舞〉，紅極一時暢銷曲，許茹芸〈如果雲知道〉，皆爲部分換片換韻。

【譜例三-43】〈新鴛鴦蝴蝶夢〉 〔註85〕

新鴛鴦蝴蝶夢
唱 黃安

詞·曲 黃安
上華唱片 1993年

〔註85〕黃安：《新鴛鴦蝴蝶夢·新鴛鴦蝴蝶夢》（臺北：上華國際企業股份有限公司，1993 年 2 月）。

```
|2 2 3 2 2   1 2 | 1 6 5 6 6   1 2 | 3 5   6 6 5 3 2 1 | 2 1 6 1 2   - |
 鴛鴦蝴蝶，  不應 該的年代。  可是 誰又 能擺脫人世   間的悲 哀。

|3 5   6 3·   3 2 | 1 2   3 6 1 6 5 | 0· 5 3 5 3 5 6 | 0· 1 6 1 6 1 2 |
 花花 世界，      鴛鴦 蝴蝶。     在人間已是癲，     何苦要上青天。

|0· 3 2 3 5   5 6 || 1 - -   0· 3 |
 不如溫柔 同     眠。
```

表三-47　〈新鴛鴦蝴蝶夢〉詞曲押韻分析表

樂句數	樂句結束音	歌詞	韻部	尾韻	備註
1	〔6〕	留	〔iou〕	〔ou〕	第一片〔ou〕韻
2	〔2〕	憂	〔iou〕	〔ou〕	
3	〔6〕	愁	〔ou〕	〔ou〕	
4	〔1〕	流	〔iou〕	〔ou〕	
5	〔6〕	哭	〔u〕	〔u〕	第二片〔u〕韻
6	〔2〕	苦	〔u〕	〔u〕	
7	〔6〕	塗	〔u〕	〔u〕	
8	〔1〕	足	〔u〕	〔u〕	
9	〔6〕	代	〔ai〕	〔ai〕	
10	〔2〕	哀	〔ai〕	〔ai〕	
11	〔3〕	界	〔ie〕	〔e〕	
12	〔6〕	蝶	〔ie〕	〔e〕	
13	〔2〕	天	〔ian〕	〔an〕	
14	〔1〕	眠	〔ian〕	〔an〕	

　　〈新鴛鴦蝴蝶夢〉共三個段，第一段一至四句結束音為〔6〕、〔2〕、〔6〕、〔1〕，樂句相應位置之歌詞別由「流」、「憂」、「愁」、「流」，押〔ou〕韻；第二段五至八樂句結束音為〔6〕、〔2〕、〔6〕、〔1〕，樂句相應位置之歌詞分別由「哭」、「苦」、「塗」、「足」，押〔u〕韻；第三段九至十四句結束音為〔6〕、〔2〕、〔6〕、〔6〕、〔2〕、〔1〕，分別押〔ai〕、〔e〕、〔an〕三個韻。本首僅第一、二段有換片換韻現象。

【譜例三-44】〈忘情森巴舞〉〔註86〕

忘情森巴舞

唱 草蜢隊

1=A 4/4

詞 姚一智　曲 A.barber
寶麗金唱片 1991年

```
|6 6  6 6  3 2|2 1 1  -  0|1 1 1 1 1 2 7|7  -  -  0|
 愛情 沒 有 把 握，     沒有永遠的承諾。
 朦朧 的 眼 睛，     看一生也看不清。

|6 6  6 6  3 2|2 1 1  -  0 6|1 1 1 1 2  7|7  -  -  -|
 有時 候 會 難 過，     有 時 候也會不 錯。
 世界 太 多事 情，     每 件 事也說不 定。

|6 6  6 6  3 3|3  -  -  0|3 3 3 3 4 5|5 3 2 2  -|
 人們 來 匆匆，     去 也去 得 不 從 容。
 為何 不 滿意，     不 滿意 在 那 裏。

|6 6 6 6 3 2|2 1 6 6  -|1 1 1 1 0 1 1 2|2 2 1 7 7 1|
 來 來來來一 起 舞 吧，   別再抱怨 傷心也  要放 假。
 其 實也不需 要 介 意，   妳要相信 陽光就  在頭 頂，

|7  -  0 5 5 5|3 3  3 3|4 3 2 3  -  -|3 0 0 3 3 3|
 總有好 的一 天，               一起森
 總有好 的一 天，

|3 1 0 6 3|2 1 1  -  0 1|1 1 1 1 2  7|7  -  0 3 3 3|
 巴舞，不用孤獨，    拋 開煩惱與痛 苦。    一起森

|3 1 0 6 3|2 1 1  -  6 1|1 1 1 1 1 2  7|7  -  3 2 1 6|
 巴舞，不再孤獨，    投入 忘情的舞 步。  喔.(以下略)
```

表三-48　〈忘情森巴舞〉詞曲押韻分析表

樂句數	樂句結束音	歌 詞	韻 部	尾 韻	備 註
1	〔7〕	諾	〔uo〕	〔o〕	第一段〔o〕韻
2	〔7〕	錯	〔uo〕	〔o〕	
3	〔3〕	匆	〔uŋ〕	〔əŋ〕	
4	〔2〕	容	〔uŋ〕	〔əŋ〕	

〔註86〕草蜢隊：《忘情森巴舞‧忘情森巴舞》（臺北：寶麗金唱片股份有限公司，1991年）。

5	〔6〕	吧	〔a〕	〔a〕	
6	〔7〕	假	〔ia〕	〔a〕	
7	〔7〕	苦	〔u〕	〔u〕	
8	〔7〕	步	〔u〕	〔u〕	
9	〔7〕	清	〔iŋ〕	〔əŋ〕	第二段〔əŋ〕韻
10	〔7〕	定	〔iŋ〕	〔əŋ〕	
11	〔3〕	意	〔i〕	〔i〕	
12	〔5〕	裡	〔i〕	〔i〕	
13	〔6〕	意	〔i〕	〔i〕	
14	〔7〕	頂	〔iŋ〕	〔iŋ〕	

〈忘情森巴舞〉共四個段，換片換韻出現於第一、三段，第一段一至四句結束音為〔7〕、〔7〕，樂句相應位置之歌詞別由「諾」、「錯」，押〔o〕韻；第二段三至八樂句結束音為〔3〕、〔2〕、〔6〕、〔7〕、〔7〕、〔7〕，樂句相應位置之歌詞分別由「匆」、「容」、「吧」、「假」，押〔əŋ〕、〔a〕、〔u〕韻；第三段九至十句結束音為〔7〕、〔7〕，押〔əŋ〕韻；第四段十六至十九四句結束音為〔1〕、〔7〕、〔1〕、〔7〕，樂句相應位置之歌詞別由「晴」、「清」、「情」、「定」，押〔iŋ〕韻；第五段二十至二十四樂句結束音為〔3〕、〔5〕、〔6〕、〔7〕，樂句相應位置之歌詞分別由「意」、「裡」、「意」、「頂」，押〔i〕、〔iŋ〕韻。本首第一、三段，屬換片換韻。

【譜例三-45】〈如果雲知道〉〔註87〕

如果雲知道

1=F 4/4

唱　許茹芸

詞　季忠平、許常德　曲　季忠平
上華唱片　1996年

〔註87〕許茹芸：《如果雲知道‧如果雲知道》（臺北：上華國際企業有限公司，1996年1月）。

己 在黑夜的邊境， 任由黎明 一步一步向 我 逼近。
心 我 無處投遞， 如果可以 飛簷走壁找 到 你。

想你的心， 化成 灰燼。

愛的委屈不 必 澄清。 只要 你 將我抱 緊。

如果雲 知 道； 想你的夜慢 慢 熬。
道 逃不開糾纏 的 牢。

每個思念 過一秒，每次呼喊 過一秒。 只覺得 生命 不停燃 燒。
每當心痛 過一秒，每回哭醒 過一秒。 只剩下

如果雲 知 心 在乞 討， 你不會 知 道。

表三-49　〈如果雲知道〉詞曲押韻分析表

樂句數	樂句結束音	歌詞	韻部	尾韻	備　註
1	〔6〕	靜	〔iŋ〕	〔əŋ〕	第一段〔əŋ〕、〔ən〕通押
2	〔5〕	心	〔in〕	〔ən〕	
3	〔1〕	近	〔in〕	〔ən〕	
4	〔2〕	燼	〔in〕	〔ən〕	
5	〔6〕	氣	〔i〕	〔i〕	第二段〔i〕韻
6	〔5〕	吸	〔i〕	〔i〕	
7	〔1〕	你	〔i〕	〔i〕	
8	〔2〕	緊	〔in〕	〔ən〕	⊕
9	〔6〕	熬	〔au〕	〔au〕	〔au〕韻
10	〔5〕	秒	〔uau〕	〔au〕	
11	〔6〕	燒	〔au〕	〔au〕	
12	〔6〕	牢	〔au〕	〔au〕	
13	〔5〕	秒	〔iau〕	〔au〕	
14	〔1〕	道	〔au〕	〔au〕	

〈如果雲知道〉共三個段，第一段一至四句結束音為〔6〕、〔5〕、〔1〕、
〔2〕，樂句相應位置之歌詞為「冰」、「靜」、「盡」、「心」、「境」、「近」、「心」、
「爐」，〔əŋ〕、〔ən〕通押；第二段五至八樂句結束音為〔6〕、〔5〕、〔1〕、
〔2〕；樂句相應位置之歌詞為「氣」、「吸」、「你」、「緊」，押〔i〕韻；第
三段九至十四句結束音為〔6〕、〔5〕、〔6〕、〔6〕、〔5〕、〔1〕，樂句相
應位置之歌詞為「熬」、「秒」、「燒」、「牢」、「秒」、「道」，押〔au〕韻。

　　本首第一、二段為換片換韻現象，「緊」字應為押韻位置，本文無法斷
定創作者是否只取〔in〕中之〔i〕韻腹作為與「你」字之相合意圖，但依旋
律而言，「緊」後面為三拍長音，字音拖長，〔i〕韻效果便能與「你」字產
生韻感而達到押韻，此處可再度說明流行歌曲之寬押現象。

　　流行歌曲換片換韻之例子並不多見，四、五〇年代之歌曲，旋律段落重
覆歌曲不少，但幾乎一韻到底，如〈回想曲〉（楊正／周藍萍／李玲玉／一
九六五／四海唱片）四段皆押〔an〕韻；〈月朦朧鳥朦朧〉（瓊瑤／古月／鳳
飛飛／一九七八／歌林唱片）兩段均押〔əŋ〕韻。至八、九〇年代後，換片
換韻之歌曲也不過上述幾例，且不甚整齊。雖說換片之作少之又少，上述譜
例觀察下，仍見少數作者對歌曲創作，採取有意識之換韻例子。

　　詩歌演化過程，原有歌辭功能喪失後，成為詩的功能，樂府、唐詩、宋
詞之變化讓今人意識不到如此的變化，很自然地以自己的接受方式理解當時
的歌，因此歌成了只有韻的詩，〔註88〕這是目前我們對歌詞僅只是有韻之
詩的普遍看法。然，歌詞為歌曲的一部分，兩者乃相互配搭的藝術，實容不
可分割，流行歌詞創作人熊美玲甚至認為歌詞不是文學是音樂的一部分，其
理由為歌詞是用唱的，因此不是文學，〔註89〕此一說法並非為所有創作者
共有之觀念，卻肯定流行歌詞為旋律服務之觀點。

　　另就寬押現象觀察，流行歌曲通押普遍，由〔i〕〔u〕（劉家昌〈梅蘭梅蘭
我愛你〉、羅大佑〈亞細亞的孤兒〉、方文山〈青花瓷〉）、〔o〕〔ou〕（芝麻龍
眼〈動不動就說愛我〉），甚至〔uo〕〔uŋ〕〔ou〕（張宇〈用心良苦〉）、〔i〕〔in〕
（許如芸〈如果雲知道〉）等譜例之探討，流行歌曲韻腳押寬散見於各世代。

　　以〈淒美地〉一曲入圍二十八屆（二〇一七年）金曲獎最佳詞、曲的大

〔註88〕錢志熙：《漢魏樂府的音樂與詩》（鄭州：大象出版社，2000 年 8 月），頁 70。
〔註89〕陳樂融：《我，作詞家——陳樂融與 14 位詞人的創意叛逆》（臺北：天下雜誌，
　　　2010 年 1 月），頁 94。

陸創作人郭頂，即以〔i〕〔in〕作為韻腳互押，〔註90〕這類創作型歌手較一般歌手更兼顧於詞曲的和諧，往往能將不同韻腳之字唱得合韻，劉家昌、羅大佑、張宇皆有例證。至於通押或將相近音拉長演唱（旋律），在韻腳上達成聽覺的協調，乃寬押所呈現的表現，而此現象仍需就詞、曲分析，無法分開論述。

〔註90〕傑米鹿（李文豪）：〈不可忽視的北京音樂鬼才──郭頂《飛行器的執行週期》〉專訪，2017 年 5 月 25 日。（https://yahoo.streetvoice.com/post/22976/），2017 年 5 月 30 日檢索。郭頂，中國大陸新生代創作歌手，二〇一七年以《飛行器的執行週期》專輯入圍包含最佳年度專輯等六項金曲獎，其〈淒美地〉則同時入圍詞、曲獎項。